CASO LULA E EXECUÇÃO PROVISÓRIA DA PENA:
TENSÕES POLÍTICAS E JURISPRUDENCIAIS

SILVIA HELENA NÓBREGA LENCIONI SENNE

Copyright © 2020 by Editora Letramento
Copyright © 2020 by Silvia Helena Nóbrega Lencioni Senne

Diretor Editorial | **Gustavo Abreu**
Diretor Administrativo | **Júnior Gaudereto**
Diretor Financeiro | **Cláudio Macedo**
Logística | **Vinícius Santiago**
Designer Editorial | **Luís Otávio Ferreira**
Assistente Editorial | **Giulia Staar e Laura Brand**
Capa | **Amanda Paluzzi**
Revisão | **LiteraturaBr Editorial**
Diagramação | **Isabela Brandão**
Conselho Editorial | **Alessandra Mara de Freitas Silva;
Alexandre Morais da Rosa; Bruno Miragem; Carlos María Cárcova;
Cássio Augusto de Barros Brant; Cristian Kiefer da Silva; Cristiane Dupret;
Edson Nakata Jr; Georges Abboud; Henderson Fürst; Henrique Garbellini
Carnio; Henrique Júdice Magalhães; Leonardo Isaac Yarochewsky;
Lucas Moraes Martins; Luiz Fernando do Vale de Almeida Guilherme;
Nuno Miguel Branco de Sá Viana Rebelo; Renata de Lima Rodrigues;
Rubens Casara; Salah H. Khaled Jr; Willis Santiago Guerra Filho.**

Todos os direitos reservados.
Não é permitida a reprodução desta obra sem
aprovação do Grupo Editorial Letramento.

Dados Internacionais de Catalogação na Publicação (CIP) de acordo com ISBD

S478c	Senne, Silvia Helena Nóbrega Lencioni
	Caso Lula e execução provisória da pena: tensões políticas e jurisprudenciais / Silvia Helena Nóbrega Lencioni Senne. - Belo Horizonte : Letramento, 2020.
	90 p. ; 14cm x 21cm.
	Inclui índice e anexo.
	ISBN: 978-85-9530-376-8
	1. Direito. 2. Direito penal. 3. Execução provisória. 4. Lula. I. Título.
2020-495	CDD 345
	CDU 343

Elaborado por Vagner Rodolfo da Silva - CRB-8/9410

Índice para catálogo sistemático:
1. Direito penal 345
2. Direito penal 343

Belo Horizonte - MG
Rua Magnólia, 1086
Bairro Caiçara
CEP 30770-020
Fone 31 3327-5771
contato@editoraletramento.com.br
editoraletramento.com.br
casadodireito.com

Casa do Direito é o selo jurídico do
Grupo Editorial Letramento

Dedico o presente trabalho a minha noiva Amanda, meu Pai Silvio, minha Mãe Ninfa e aos meus gatos, Clarice, Chucky, Amy, Kubrick, Darth Vader, Lênin e Clementine.

AGRADECIMENTOS

Primeiramente gostaria de agradecer ao meu Professor Orientador David por toda sua paciência, sua compreensão e ajuda com o meu trabalho, que logo de cara aceitou esse desafio, você é um mestre que levarei comigo sempre! A professora Patrícia Lhacer que sempre esteve ao meu lado e é uma pessoa que admiro muito e me espelho como profissional e como mulher. Ao Professor Thiago Pellegrini Valverde por ter participado da minha banca e ter nos proporcionado uma aula, sempre muito prestativo e com uma inteligência impar, aprendo diariamente com você.

Aos meus pais, Silvio e Ninfa, sem vocês dois nada disso seria possível, obrigada por sempre me apoiarem e me mostrarem o lado mais humano da vida, sempre pensando no próximo, eu amo vocês!

Ao amor da minha vida Amanda, por ter me segurado em momentos que pensei em desabar, que sempre me dá forças para continuar e lutar pelos meus ideais, que sempre me ajuda no que for preciso, você é mais do que minha mulher, é minha companheira de vida, eu amo você!

Aos meus amigos da vida que sempre me ajudaram a ser mais forte, em todos os momentos, pelos conselhos e aprendizado, cada dia mais eu aprendo com vocês e sei que estou do lado certo da história!

Espero que um dia consiga levar justiça e igualdade com a minha profissão, que leve todos conselhos que consegui juntar durante esses 5 anos.

"A partir de agora, se me prenderem, eu viro herói. Se me matarem, viro mártir. E se me deixarem solto, viro presidente de novo."

Luiz Inácio Lula da Silva.

SUMÁRIO

APRESENTAÇÃO   11

PREFÁCIO   14

INTRODUÇÃO   17

1. **PRESUNÇÃO DE INOCÊNCIA: NO BRASIL**   20
   1.1. Breves noções da evolução histórica   20
   1.2. Declaração dos Direitos Humanos de 1948 e a Presunção de Inocência   23
   1.3. Convenção Americana de Direitos Humanos e a presunção de inocência   24

2. **PRESUNÇÃO DE INOCÊNCIA: REGRA DE TRATAMENTO**   29

3. **MARCO JURISPRUDENCIAL: JULGADO DO SUPREMO TRIBUNAL FEDERAL ACERCA DA PRESUNÇÃO DE INOCÊNCIA**   31
   3.1. *Habeas Corpus* 84.078 Minas Gerais   32
   3.2. *Habeas Corpus* 126.292 São Paulo   38
   3.3. Um diagnóstico acerca da (in)eficácia da antecipação da execução da pena   42
   3.4. Mutação constitucional do Art. 5º, inciso LVII, da Constituição Federal de 1988   43

3.5. A ineficácia da prisão como meio
de combate à criminalidade 48

4. A PRISÃO DO EX-PRESIDENTE LULA **53**

4.1. Síntese da sentença que condenou
o ex-Presidente Lula 54

4.2. Juízo de exceção e condenação
sem provas uma ameaça à democracia 61

4.3. A sentença condenatória do ex-Presidente
Lula como uma afronta ao direito
internacional dos direitos humanos 71

4.4. Lawfare contra Lula 77

5. CONCLUSÃO **80**

POSFÁCIO **82**

REFERÊNCIAS BIBLIOGRÁFICAS **87**

APRESENTAÇÃO

Silvia Helena mostrou toda sua coragem e dedicação a um ideal, quando decidiu enfrentar um Trabalho de Conclusão de Curso – TCC abordando um tema, então efervescente, cujos reflexos agitavam e ainda agitam as impressões, não raro distorcidas, as opiniões pessoais, não raro dirigidas, de cada brasileiro, da mídia, dos trabalhadores, dos detentores do capital, e dos juristas, entre outros. E o fez com competência e lucidez. Ignorou pressões, pessimismos, plantação de ódio, *fake news*, medos, contrariedades extremas, polarizações e muitos, muitos interesses que não se imaginavam confrontados e questionados. Para Silvia Helena, Lula sempre foi referência, visto que sua idade cronológica quase coincide com a trajetória desse grande líder pelas vias da vida operária, das lideranças dos trabalhadores, e pela significativa carreira política com repercussão inclusive internacional. Fica de fácil percepção, na obra, o posicionamento da autora em face de tudo que envolve as relações humanas, sempre situando suas interpretações ao respectivo contexto histórico, evitando, assim, distorcer a marcha dos acontecimentos e um entendimento deturpado e desfocado em relação à evolução das relações políticas e sociais vividas pelo país e pelo mundo. Referida obra cuida para não apresentar ideias desconexas, soltas ao vento, e capturadas apenas com objetivo de montagem de texto ou, como é comum, hoje em dia, buscar justificar o injustificável. O ponto balizador do trabalho de Silvia foi a seguinte citação: "A partir de agora, se me prenderem, eu viro herói. Se me matarem, viro mártir. E se me deixarem solto, viro presidente de novo."

Luiz Inácio Lula da Silva O livro busca esclarecer aspectos da presunção de inocência, como direito fundamental e garantia individual, considerada à luz da possibilidade de prejuízos irreparáveis e arbitrariedades advindas da antecipação da execução provisória da pena, como ocorreu com a prisão do ex-presidente Lula, uma prisão política e sem nenhum fundamento legal. Minha especialização no âmbito do Direito não se dá no campo Penal, cujo conjunto de regras, princípios e fundamentos, bem como sua aplicação processual, são base para o estudo aqui apresentado, mas sim no campo Trabalhista e Previdenciário, que merecem minha atenção exclusiva e integral, inclusive na atividade profissional que exerço (consultoria jurídica). Reservo-me, dessa forma, com a devida licença, a decisão de não adentrar nas minúcias dos estudos técnicos tão bem conduzidos por Silvia Helena. O que mais me atrai na obra em comento, sem dúvida nenhuma, além do relativo ineditismo e a valorosa ousadia do enfrentamento do tema, é a autora ter trazido à discussão a detida análise da sentença que condenou o ex-presidente Lula. A abordagem se faz mostrando como o juízo de exceção, a que se transformou a respectiva corte de justiça, foi adotado para cumprir o objetivo pretendido, ou seja, a condenação sem provas, que culminou numa grave e absurda ameaça à democracia, por meio da infeliz e desastrosa sentença condenatória imposta impiedosamente, com celeridade absurdamente incomum, ao ex-presidente, como uma afronta ao direito internacional e aos direitos humanos. Cumpre apontar, ainda, como ponto de destaque, a utilização imparcial e nada técnica, denotando a má intenção dos condutores da evolução processual, do mecanismo denominado como *Lawfare*, que nada mais é do que o uso indevido de recursos jurídicos para perseguição política contra quem quer que seja. Tenho prazer especial em apresentar este trabalho, afinal, comungo com a autora todas as suas lutas, sua definição objetiva de propósitos e firmeza de convicções. Merecem respeito, também, as causas abraçadas por Silvia durante a sua vida, em tudo que respeita à defesa dos direitos humanos, a incansável luta por justiça social e igualdade de direitos, independentemente de qualquer condição humana ou social, sempre atendendo aos princípios básicos de solidariedade e compaixão com qualquer ser vivo, em qualquer situação. Encerro esta simples apresentação preliminar declarando todo o meu mais sincero, puro e pulsante amor á autora, que, além de colega de profissão, tem comigo uma ligação determinada por uma feliz integração genética e por uma oportunidade abençoada que nos foi dada por Deus. Obrigado, minha filha querida, pelo presente! Siga nesta toada de conhecimento, aprimoramento e muito sucesso, sempre fazendo valer tudo aquilo que aprendemos, vivemos e viveremos juntos.

Silvio Helder Lencioni Senne

Advogado especializado em Direito do Trabalho e Direito Previdenciário.

Consultor Jurídico da IOB - Informações Objetivas - Área Trabalhista e Previdenciária.

Palestrante e Instrutor de cursos de formação, atualização e aperfeiçoamento profissional.

PREFÁCIO

O convite para prefaciar essa obra foi absolutamente inédito. Esta é a primeira oportunidade na qual executo tal tarefa, portanto peço escusas pelos naturais equívocos de minha inexperiência. O ineditismo desse convite não para por aí. Pela primeira vez uma orientanda de trabalho de conclusão de curso é convidada a publicar a sua monografia como um livro. Tal fato, por óbvio, muito me orgulha, pelo que, como seu orientador, acompanhei toda execução dessa detida pesquisa. Igualmente é claro que sou ao menos parcialmente suspeito para introduzir esse livro, pois de certa forma direcionei aspectos formais e substanciais do texto. Contudo, firme na convicção de se tratar de uma obra importante para o mundo jurídico e comunidade política, aceitei tal tarefa sem hesitar.

Como seu professor de Direito Penal, acompanhei a maior parte da formação da autora Silvia Helena Nóbrega Lencioni Senne, no curso de Direito da Universidade Municipal de São Caetano do Sul (USCS). E, justamente, por conhecer sua trajetória acadêmica, ou seja, percebendo se tratar de uma jovem pesquisadora corajosa e inteligente, a orientei nesse espinhoso tema, que desperta paixões e dividiu a sociedade brasileira. Aqui cabe admitir uma vez mais minha suspeição, pois comungamos de muitas idéias e nos situamos no mesmo espectro político, qual seja, o campo progressista. Todavia, seu acúmulo teórico e alteridade são predicados indissociáveis da autora. Sim. Trata-se de uma novel cultora do Direito demasiadamente humana, mente imprescindível para os "tempos estranhos" que vivemos.

Do ponto de vista teórico, a autora se propôs a uma importante discussão: a (in)constitucionalidade da chamada execução provisória da pena. Trocando em miúdos, o debate entorno da famigerada "prisão após o julgamento em segunda instância". Nesse sentido, o texto faz um relevante resgate histórico para demonstrar que a mudança da jurisprudência do Supremo Tribunal Federal, 17 de fevereiro de 2016, no julgamento do HC 126.292, serviu como substrato para a execução provisória do presidente Luiz Inácio Lula da Silva, preso em 07 de abril de 2018.

De fato, como bem discorreu a autora, a presunção de inocência ou não culpabilidade, em verdade trata-se de uma regra de tratamento processual, prevista no art. 5º, LVII, da Constituição Federal, consistente no postulado de que o réu não pode ser tratado como culpado até o trânsito em julgado da sentença penal condenatória. Sendo uma regra de tratamento, e não um princípio, como bem disse o Ministro Marco Aurélio, por ocasião de seu voto na ADC 43, "dispositivo não abre campo a controvérsias semânticas". Todavia, na esteira dos tempos estranhos que vivemos, a Suprema Corte foi instada para se manifestar sobre o art. 283, do Código de Processo Penal, que é de cristalina constitucionalidade espelhada, por meramente concretizar a mencionada regra de tratamento, prevista como um direito fundamental.

Mas o livro vai além da discussão puramente dogmática, e expõe uma análise detida sobre os principais aspectos da sentença penal condenatória proferida pelo então juiz federal titular da 13ª Vara Federal de Curitiba, mais conhecida como caso Triplex, a razão de ser da predita mudança jurisprudencial com relação à presunção de inocência. A autora revela as entranhas do processo criminal mais rumoroso de nossa história recente, demonstrando com argumentos jurídicos as principais vicissitudes daquele julgamento, que mais parecia uma profecia autorrealizável ou uma "sentença anunciada". Ao contrário do preceito constitucional, o presidente Lula foi presumidamente culpado, e em abril de 2018 estava consolidado o caminho para a sua prisão às vésperas das eleições presidenciais.

Dessa forma, sem mais protelar o prazer da leitura desse grande livrinho, encerro esse breve prefácio convidando todos aqueles que têm interesse em compreender como o *lawfare* se operacionalizou no sistema de justiça criminal brasileiro, durante a última década. Sem dúvidas, a presente obra é um importante marco teórico para a compreensão do uso do processo criminal para alcançar fins metajurídicos, e por vezes nada democráticos.

David Pimentel Barbosa de Siena

Delegado de Polícia do Estado de São Paulo, professor de Direito Penal na Universidade Municipal de São Caetano do Sul, professor de Criminologia da Academia de Polícia de São Paulo, doutorando e mestre em Ciências Humanas e Sociais pela Universidade Federal do ABC.

INTRODUÇÃO

A presunção de inocência surgiu com o intuito de combater o autoritarismo e a arbitrariedade do Monarca no Estado Absolutista. Com a escassez de provas contra o acusado, era de fácil aplicação a pena que lhe era imputada.

Com a chegada do Iluminismo europeu, o papel do Monarca foi questionado e começou assim a ressaltar o papel do indivíduo como o único motivador das ações estatais, trazendo assim o indivíduo para o centro do dever-se do Estado, fazendo com que os direitos individuais e a atuação do jus puniendi seja repensada.

O Código de Processo Penal de 1941 traz um conteúdo muito assemelhado ao Código de Processo Penal fascista, onde não trazia a presunção de inocência, logo autorizando as prisões arbitrárias e mostrando seu caráter autoritário.

Com a chegada da Lei de Execuções Penais em 1984, representou um marco legislativo histórico, estabelecendo em seu texto que a presunção de inocência seria um direito do acusado. Vejamos:

> Art. 105. Transitando em julgado a sentença que aplicar pena privativa de liberdade, se o réu estiver ou vier a ser preso, o Juiz ordenará a expedição de guia de recolhimento para a execução. (Brasil, 1984.)

Após um longo período de Ditadura Militar no Brasil, a população se mostrou fervorosa em movimentos sociais, como as "Diretas Já", campanha que ensejou o processo de redemocratização do Estado Brasileiro.

Diante dessa redemocratização, em 1985 o primeiro presidente eleito após Anos de Chumbo, trouxe em sua campanha a criação de uma Constituição Democrática, onde seria formulada por uma Assembleia Constituinte formada por diversas partes da sociedade, incluindo os movimentos sociais.

A Constituição de 1988, culminou em uma das mais democráticas constituições da história do Brasil, logo a ideia de presunção de inocência não ficaria de fora. Em seu texto, mais especificamente no artigo Art. 5º, inciso LVII que enuncia: "Todos são iguais perante a lei, sem distinção de qualquer natureza, garantindo-se aos brasileiros e aos estrangeiros residentes no País a inviolabilidade do direito à vida, à liberdade, à igualdade, à segurança e à propriedade, nos termos seguintes: LVII – ninguém será considerado culpado até o trânsito em julgado de sentença penal condenatória;" traz uma regra de tratamento que pode se interferir à presunção de inocência.

Neste ínterim trata-se de uma garantia ao devido processo legal, podendo ou não ser essa garantia assegurada.

A presunção de inocência assegura a todo indivíduo uma garantia de sua inocência, onde apenas será afastado com provas absolutas de que este indivíduo tenha cometido um delito. Para o autor Aury Lopes Jr. "O estado de inocência somente será afastado com o trânsito em julgado de uma sentença penal condenatória." (LOPES JR., 2016)

No ano de 2009, o plenário do Supremo Tribunal Federal, se posiciona acerca da execução provisória da sentença penal condenatória proferida em segundo grau de jurisdição, com isso contribuiu para o debate a respeito da aplicabilidade da presunção de inocência, declarando tal prisão inconstitucional.

No entanto, no ano de 2016, mais uma vez o Supremo Tribunal Federal voltou com esse assunto, mas contrariando a decisão anterior, declarou ser constitucional a execução provisória da pena antes do trânsito em julgado.

Por se tratar de uma grave ameaça ao Estado Democrático de Direito, afastando a garantia que a presunção de inocência traz ao indivíduo, o presente trabalho tem como objetivo proceder a uma análise crítica dos principais argumentos levantados no *Habeas Corpus* 126.292 SP, bem como trará a prisão do ex-Presidente Luiz Inácio Lula da Silva, indo na contramão da presunção de inocência, mostrando como a prisão antes da sentença penal condenatória, pode ser arbitrária.

1
PRESUNÇÃO DE INOCÊNCIA: NO BRASIL

O presente capítulo tem como objetivo mostrar o histórico a respeito do surgimento da presunção de inocência, passando pelo Estado absolutista, mostrando a total escassez do reconhecimento da presunção de inocência, percorrendo ao iluminismo, dando ênfase ao ser humano como sujeito de direitos, dando ênfase nas escolas, como a clássica, a positiva e a técnico-jurídica.

Diante disso, será feito uma síntese acerca da presunção de inocência no Código de Processo Penal de 1941, a Lei de Execuções Penais, sendo eles dois marcos de suma importância para o ordenamento jurídico brasileiro.

A partir disso, a presunção de inocência será mostrada acerca de um marco legislativo de suma importância para o processo penal brasileiro, como foi a Constituição Federal de 1988.

Será feito um estudo da carta magna acerca do assunto abordado, no Estado Democrático de Direito, analisando as formas de tratamento do acusado, a instrumentalização de inocência, o funcionamento das garantias individuais na persecução penal.

1.1. BREVES NOÇÕES DA EVOLUÇÃO HISTÓRICA

No Estado Absolutista, o delito era interpretado como uma ofensa ao Monarca, pois possuía o direito de punir e não o fazia com o propósito de prevenção e nem de reprovação da conduta e sim com o intuito de vingança.

Com esse sentimento de vingança, bastava apenas o mero indício do cometimento do delito para então punir e aplicar a pena. Dessa forma, acerca da formação da culpa do acusado no Estado Absolutista, Foucault diz:

> A culpa não começava uma vez reunidas todas as provas: peça por peça, ela era constituída por cada um dos elementos que permitiam reconhecer um culpado. Assim, uma meia-prova não deixava inocente o suspeito enquanto não fosse completada: fazia dele um meio-culpado (...) Enfim, a demonstração em matéria penal não obedecia a um sistema dualista: verdadeiro ou falso; mas um princípio da graduação contínua: um grau atingido na demonstração já formava um grau de culpa e implicada consequentemente num grau de punição. (FOUCALT, 1999. p. 60-61.)

Com isso podemos observar o desequilíbrio entre o *jus puniendi* do monarca e o *ius libertatis* do indivíduo, onde qualquer elemento probatório, imputava ao acusado seu estado de culpa reconhecido.

O Estado Absolutista se mostrando desproporcional, fez com que o movimento reformista final do século XVIII traga o ser humano para o centro do debate, criando uma corrente filosófica, atuando contra o poder repressivo do soberano, o Iluminismo Francês.

Com essa nova corrente filosófica, pensadores como Rosseau, Montesquieu Voltaire, Beccaria, Bentham e outros não menos importantes se baseiam na concepção que o corpo perdeu espaço, dando abertura para que a alma e o espírito tomassem o lugar na punição, começando assim uma equidade penal, substituindo um sistema desumano e extremamente abusivo.

Diante disso surgia um novo pensamento, ao invés de somente ocorrer a punição, mostrando que prevenir os delitos seria a forma correta.

Dentre os códigos e dispositivos criados na Europa nesse período, temos de destacar a Declaração dos Direitos do Homem e do Cidadão, aprovada pelos franceses em 1789.

O Artigo 9º trazia em sua redação que: "Todo acusado é considerado inocente até ser declarado culpado e, se julgar indispensável prendê-lo, todo o rigor desnecessário à guarda de sua pessoa deverá ser severamente reprimido pela lei.", surgindo assim a primeira previsão legal da Presunção de Inocência no âmbito penal.

Todavia, toda essa nova concepção do Iluminismo foi alvo de duras críticas nos séculos seguintes, em meados do século XIX, a Europa estava em meio ao uma crise econômica e social, fazendo com que o Direito penal abarcado no Iluminismo mudasse sua forma de tratamento, analisando o crime por meio do delinquente ou do autor.

Para Shecaira, o delito não é a mesma coisa no Direito Penal e na Criminologia, vejamos:

> O conceito de delito não é exatamente o mesmo para o direito penal e para a criminologia. Para o delito penal, delito é a ação ou omissão típica, ilícita e culpável. Para a criminologia, no entanto, como o crime deve ser encarado como um fenômeno comunitário e como um problema social, tal conceituação é insuficiente. Encarando com um problema social e tendo como referência os atos humanos pré-penais, alguns critérios são necessários para que se reconheçam nesses fatos condições para serem compreendidos coletivamente como crimes. O primeiro ponto é que tal fato tenha uma incidência massiva na população. O segundo elemento é que haja incidência aflitiva do ato praticado. Terceiro elemento constitutivo do conceito criminológico do crime é que haja persistência espaço-temporal do fato que se quer imputar como delituoso. Por derradeiro, o quarto elemento a exigir-se para a configuração de um fato como delituoso é que se tenha um inequívoco consenso a respeito de sua etiologia e de quais técnicas de intervenção seriam mais eficazes para o seu combate. (SHECAIRA, 2014, p. 43.)

O delito passou a ser estudado como um fator de ordem biopsicológica e social, determinando assim as ações dos agentes. Tais fatores determinavam qual o grau de culpabilidade do agente, por conta de seu comportamento antissocial deveria ser culpado a partir da acusação de delito.

Nesse ínterim, se o conteúdo probatório não fosse extenso, o indivíduo não era inocentado, mas era absolvido por falta de provas. Com isso a probabilidade deste indivíduo ser condenado era muito grande, afastando assim a absolvição.

Neste sentido a Escola Positiva determinava que a prisão aplicada a partir da condenação, mesmo que provisória, era obrigatória. Levando ao entendimento que todos aqueles denunciados tinham a presunção de culpa.

Por outro lado, a Escola Técnica-jurídica encabeçada por Vicenzo Manzini e Arturo Rocco, negaram a presunção de inocência, alegando que um procedimento coercitivo contra um indivíduo, não seria possível se aquele indivíduo fosse culpado de algo. Logo a pessoa seria tratada como não inocente, durante toda a persecução penal.

Diante disso, ficou clara a distinção entre as Escolas, colocando o acusado na Clássica Italiana que se baseia na presunção de inocência como tratamento dado ao indivíduo; a Escola Positiva que entendia que o indivíduo era culpado se existisse o mínimo de indícios do delito; e a Escola Técnico-jurídica que sustentava o tratamento de não culpado para o indivíduo acusado.

1.2. DECLARAÇÃO DOS DIREITOS HUMANOS DE 1948 E A PRESUNÇÃO DE INOCÊNCIA

A presunção de inocência foi consagrada pela Declaração dos Direitos do Homem e do Cidadão de 1789, voltando a ser atacada pelo fascismo e totalitarismo nos séculos XX. O artigo 9º da Declaração dizia o seguinte: "Todo acusado é considerado inocente até ser declarado culpado e, se julgar indispensável prendê-lo, todo o rigor desnecessário à guarda da sua pessoa deverá ser severamente reprimido pela lei".

Em seguida, a Declaração Universal dos Direitos Humanos, aprovada e proclamada pela 183ª Assembleia da Organização das Nações Unidas, em 1948, assegura, de forma explícita, a presunção de inocência.

XI.1 Todo ser humano acusado de um ato delituoso tem o direito de
ser presumido inocente até que a sua culpabilidade tenha sido provada de acordo com a lei, em julgamento público no qual lhe tenham sido asseguradas todas as garantias necessárias à sua Defesa. (Declaração Universal dos Direitos Humanos, Paris, 1948.)

Sendo um divisor de águas em matéria de Direitos Humanos, a Declaração de Direitos Humanos de 1948 teve como preocupação a positivação dos direitos mínimos dos seres humanos. O artigo 11º, parágrafo 1º traz o seguinte texto: "Toda pessoa acusada de um ato delituoso tem o direito de ser presumida inocente até que a sua culpabilidade tenha sido provada de acordo com a lei, em julgamento público no qual lhe tenham sido asseguradas todas as garantias necessárias à sua defesa."

O Pacto Internacional de Direitos Civis e Políticos foi inserido no ordenamento jurídico brasileiro em 1992, por meio do Decreto nº 592, no ponto 2 de seu artigo 14: "Artigo 14. 2. Toda pessoa acusada de um delito terá direito a que se presuma sua inocência enquanto não for legalmente comprovada sua culpa" e por meio do Decreto nº 678: "Artigo 8. 2. Toda pessoa acusada de um delito tem direito a que se presuma sua inocência enquanto não se comprove legalmente sua culpa" [...].

A ideia basilar do nosso ordenamento jurídico consiste que ninguém será culpado até que se tenha trânsito em julgado, ou seja, quando de sentença penal condenatória sobre a qual já não caiba recurso.

1.3. CONVENÇÃO AMERICANA DE DIREITOS HUMANOS E A PRESUNÇÃO DE INOCÊNCIA

O Pacto de San José da Costa Rica aconteceu em 22 de novembro de 1969, onde membros da OEA (Organização dos Estados Americanos), entrando em vigor apenas em 1978.

A Convenção assegura direitos civis e políticos, bem parecido com o Pacto Internacional dos Direitos Civis e Políticos, contendo o total de 81 artigos, visando direitos fundamentais da pessoa humana, direito à vida, liberdade, dignidade, integridade pessoal e moral, educação, entre outros.

Diante disso, a Convenção Americana não especifica qualquer direito social, cultural e econômico, estabelecendo aos Estados que os próprios alcancem a realização desses direitos, adotando assim medidas legislativas e outras medidas que se mostrem apropriadas.

De acordo com a autora Flávia Piovesan, esta Convenção foi o instrumento que mais teve importância no sistema interamericano de Direitos Humanos, com o intuito de validar vários direitos civis e políticos, incluindo:

> O direito à personalidade jurídica, o direito à vida, o direito a não ser submetido à escravidão, o direito à liberdade, o direito a um julgamento justo, o direito à compensação em caso de erro judiciário, o direito à privacidade, o direito à liberdade de consciência e religião, o direito à liberdade de pensamento e expressão, o direito à resposta, o direito à liberdade de associação, o direito ao nome, o direito à nacionalidade, o direito à liberdade de movimento e residência, o direito de participar do governo, o direito à igualdade perante a lei e o direito à proteção judicial (PIOVESAN, 2018, p. 356.)

Deste modo, se o indivíduo tenha sofrido violação de qualquer natureza, se os seus direitos são diminuídos ou tolhidos e, seu país não tenha se pronunciado acerca do ocorrido, A Convenção de Direitos Humanos assegura que esse indivíduo denuncie o ocorrido para a OEA, onde julgará o caso.

> Considerando os diversos direitos elencados e protegidos pela referida Convenção, cabe a cada Estado-membro assegurar em legislação própria, ou qualquer outra medida legal, "a obrigação de respeitar e assegurar o livre e pleno exercício desses direitos e liberdades, sem qualquer discriminação" (PIOVESAN, 2018, p. 358.)

O Estado-membro tem o dever de adotar quaisquer medidas cabíveis para efetivar e assegurar os direitos e liberdades declarados na Convenção. Vejamos os artigos 1º e 2º do Tratado:

> Artigo 1º – Obrigação de respeitar os direitos – 1. Os Estados-partes nesta Convenção comprometem-se a respeitar os direitos e liberdades nela reconhecidos e a garantir seu livre e pleno exercício a toda pessoa que esteja sujeita à sua jurisdição, sem discriminação alguma, por motivo de raça, cor, sexo, idioma, religião, opiniões políticas ou de qualquer outra natureza, origem nacional ou social, posição econômica, nascimento ou qualquer outra condição social. – 2. Para efeitos desta Convenção, pessoa é todo ser humano. – Artigo 2º – Dever de adotar disposições de direito interno. Se o exercício dos direitos e liberdades mencionados no artigo 1 ainda não estiver garantido por disposições legislativas ou de outra natureza, os Estados-partes comprometem-se a adotar, de acordo com as suas normas constitucionais e com as disposições desta Convenção, as medidas legislativas ou de outra natureza que forem necessárias para tornar efetivos tais direitos e liberdades. (Convenção Americana de Direitos Humanos, Costa Rica, 1969.)

Diante o exposto, as obrigações impostas na Convenção Americana de Direitos Humanos aos Estados-partes são bem claras, onde os Estados interessados se comprometem em garantir os direitos e liberdades que estão previstos na Convenção, podendo assim adotar medidas necessárias para que esses direitos e garantias sejam assegurados.

A autora Flávia Piovesan em seu livro Direitos Humanos e o Direito Constitucional Internacional, traz uma citação de Thomas Buergenthal:

> Os Estados-partes na Convenção Americana têm a obrigação não apenas de respeitar esses direitos garantidos na Convenção, mas também de assegurar o seu livre e pleno exercício. Um governo tem, consequentemente, obrigações positivas e negativas relativamente à Convenção Americana. De um lado, há a obrigação de não violar direitos individuais. Mas a obrigação do Estado vai além desse dever

negativo e pode requerer a adoção de medidas afirmativas necessárias e razoáveis, em determinadas circunstâncias, para assegurar o pleno exercício dos direitos garantidos pela Convenção Americana. (PIOVESAN apud BUERGENTHAL, 2018, p. 358.)

Neste sentido, os Estados devem respeitar e garantir o que está previsto no Tratado no qual são signatários, além do mais devem suportar as obrigações positivas e negativas. Sendo assim essas obrigações positivas são feitas em obrigações de fazer e realizar, no caso das negativas nas obrigações de não fazer, omissão ou abstenção.

Para se tornar eficaz o que foi acordado pelos Estados-membros, O Pacto de San José da Costa Rica estabelece, de acordo com Flávia Piovesan (2018) "um aparato de monitoramento em implementação dos direitos que enuncia", ou seja, os Estados-membros têm de se adequar ao que foi proposto na Convenção, sendo obrigações positivas ou negativas, atribuindo uma real eficácia e respeito.

A Emenda Constitucional nº 45, promulgada em 30 de dezembro de 2004, tendo como característica a realização de "reforma do judiciário", esta emenda tem como determinação de que os tratados que tenham o conteúdo de Direitos Humanos, passem a vigorar daquela data, imediatamente, sendo equiparada com normas constitucionais, aprovados por *quorum* de três quintos dos votos na Câmara dos Deputados e no Senado Federal, em dois turnos em cada uma das casas.

Vejamos o artigo 8º, parte 2 da convenção, onde a Presunção de Inocência é destacada:

> 2. Toda pessoa acusada de um delito tem direito a que se presuma sua inocência, enquanto não for legalmente comprovada sua culpa. Durante o processo, toda pessoa tem direito, em plena igualdade, às seguintes garantias mínimas: a) direito do acusado de ser assistido gratuitamente por um tradutor ou intérprete, caso não compreenda ou não fale a língua do juízo ou tribunal; b) comunicação prévia e pormenorizada ao acusado da acusação formulada; c)

concessão ao acusado do tempo e dos meios necessários à preparação de sua defesa; d) direito do acusado de defender-se pessoalmente ou de ser assistido por um defensor de sua escolha e de comunicar-se, livremente e em particular, com seu defensor; e) direito irrenunciável de ser assistido por um defensor proporcionado pelo Estado, remunerado ou não, segundo a legislação interna, se o acusado não se defender ele próprio, nem nomear defensor dentro do prazo estabelecido pela lei; f) direito da defesa de inquirir as testemunhas presentes no Tribunal e de obter o comparecimento, como testemunhas ou peritos, de outras pessoas que possam lançar luz sobre os fatos; g) direito de não ser obrigada a depor contra si mesma, nem a confessar-se culpada; e h) direito de recorrer da sentença a juiz ou tribunal superior.
3. A confissão do acusado só é válida se feita sem coação de nenhuma natureza. [...] (Convenção Americana de Direitos Humanos, Costa Rica, 1969.)

De acordo com o autor Antônio Magalhães Gomes Filho (1991), "essas garantias não dispõem de mecanismos eficientes para sua aplicação, pois a ONU não possui uma verdadeira Corte Internacional com poderes de fazer respeitar esses direitos declarados (...) cujo valor é meramente político. "

2
PRESUNÇÃO DE INOCÊNCIA: REGRA DE TRATAMENTO

A presunção de inocência é definida como regra de tratamento para o acusado, pois ele não poderá ser equiparado à culpado.

O artigo 5º, inciso LVII da nossa Constituição Federal, determina que "ninguém será considerado culpado até o trânsito em julgado de sentença penal condenatória", determinando assim um dever de tratamento para o acusado, onde é proibido colocar o *status* de culpado, sendo que não houve o trânsito em julgado.

Aury Lopes Jr. e Gustavo Badaró, em seu parecer para o HC (LOPES JR.; BADARÓ, 2016) afirmam que não há distinção entre a presunção de inocência ou de "estado de não culpabilidade", pois não diferença semântica, onde as palavras "inocente" e "não culpável" soam como a mesma coisa.

Usar a presunção de inocência como regra de tratamento, visa evitar que o acusado seja tratado como se já fosse culpado e que sua sentença já tivesse transitada em julgado, evitando também a antecipação de sua pena, pois teria como interpor recursos antes do trânsito em julgado.

É necessário que se garanta ao investigado ou o acusado o estado de inocente, para que não se confunda com o condenado em definitivo.

A presunção de inocência representa também uma regra probatória, ou seja, *in dubio pro reo*. No tocante ao Processo Penal a carga probatória é toda da acusação, onde se caso não o Estado não conseguir comprovar que o acusado é culpado, demonstrando assim sua autoria, a materialidade do delito, a culpabilidade.

Diante disso, cabe a parte autora comprovar a conduta típica, ilícita e culpável, para o órgão acusador, deve imputar o fato criminoso, onde seria um fato típico, ilícito e culpável, para assim demonstrar a tipicidade, a ilicitude e a culpabilidade que foram afirmadas.

Podemos dizer que a presunção de inocência é tratada como regra de garantia, combatendo assim as opressões do poder público e das instituições privadas, sendo mais do que um princípio processual, sendo de máxima importância para a preservação das garantias do acusado, bem como do devido processo legal.

3
MARCO JURISPRUDENCIAL: JULGADO DO SUPREMO TRIBUNAL FEDERAL ACERCA DA PRESUNÇÃO DE INOCÊNCIA

Em 2009, o Supremo Tribunal Federal, no *Habeas Corpus* 84.078, se reuniram com o objetivo de examinar a possibilidade da execução de sentença penal condenatória, havendo a possibilidade de interposição de recurso especial e extraordinário.

Diante disso, o Supremo Tribunal Federal julgou pela inconstitucionalidade da execução de sentença penal condenatória caso não tenha ocorrido a satisfação da interrupção com o trânsito em julgado.

No entanto, no ano de 2016, o Plenário do Supremo Tribunal Federal se reuniu novamente acerca do mesmo tema. O *Habeas Corpus* 126.292 foi impetrado no Superior Tribunal de Justiça, que denegou a ordem liminarmente. A defesa do réu com receio que a análise do recurso demorasse muito, impetrou Habeas Corpus no Supremo Tribunal Federal, visando a suspensão da coação contra o paciente.

Em total controvérsia com a decisão anteriormente proferida em 2009, o mesmo tribunal decidiu em 2016 pela constitucionalidade da execução antecipada de sentença penal condenatória, mesmo havendo a possibilidade de recursos pendentes, ainda com a possibilidade de reversão da condenação.

Devido à enorme importância dos dois julgados para a nossa jurisprudência, os esclarecimentos a seguir irão analisar a votação em comento.

3.1. *HABEAS CORPUS* 84.078 MINAS GERAIS

O paciente do *Habeas Corpus* em comento, foi condenado por homicídio tentado qualificado, o Ministério Público de Minas Gerais requereu ao Tribunal de Justiça do Estado a decretação da prisão do réu, o Vice-Presidente do TJ-MG acolheu o pedido, decretando a prisão, a defesa interpôs recurso de apelação, desta forma a sentença foi modificada para alterar o regime inicial de totalmente fechado para parcialmente fechado.

Com isso, a defesa interpôs recurso especial, bem como recurso extraordinário, o desembargador do TJ-MG admitiu o recurso, decretando a prisão preventiva do réu, alegando uma possível fuga do condenado.

Em face da decretação da prisão, foi interposto o *Habeas Corpus* no Superior Tribunal de Justiça, onde foi denegada por unanimidade, vejamos:

> HABEAS CORPUS. PENAL. ACÓRDÃO CONFIRMATÓRIO DE CONDENAÇÃO DE PRIMEIRO GRAU. EXPEDIÇÃO DE MANDADO DE PRISÃO. LEGITIMIDADE. INOCORRÊNCIA DE OFENSA AO PRINCÍPIO DA PRESUNÇÃO DE INOCÊNCIA, DADA A INEXISTÊNCIA, EM REGRA, DE EFEITO SUSPENSIVO AOS RECURSOS DE NATUREZA EXTRAORDINÁRIA.
> É assente a diretriz pretoriana no sentido de que o princípio constitucional da não-culpabilidade não inibe a constrição do status libertatis do réu com condenação confirmada em segundo grau, porquanto os recursos especial e extraordinário são, em regra, desprovidos de efeito suspensivo. Precedentes do STF e do STJ. Ordem denegada. (HC 19.676/MG, Rel. Ministro JOSÉ ARNALDO DA FONSECA, julgado em 02/03/2004)

Com a denegação da ordem pelo Superior Tribunal de Justiça, foi impetrado um novo *Habeas Corpus* no Supremo Tribunal Federal, o *Habeas Corpus* 84.078 de Minas Gerais. O relator do Habeas Corpus foi distribuído para o ex-ministro Eros Grau da primeira turma do Supremo Tribunal Federal, onde votou pela permissão da ordem, onde os ministros Ayres Brito, Celso de Mello, Cezar Peluso, Gilmar Mendes, Marcos Aurélio e Ricardo Lewandowski.

Votando dessa forma, os ministros entenderam pela inconstitucionalidade da execução da sentença penal condenatória, quando ainda está pendente de recurso, ou seja, estando condicionada ao trânsito em julgado.

Usaram de argumento que o disposto no artigo 5º, inciso LVII da Constituição Federal de 1988 era incompatível com a execução antecipada da sentença penal condenatória.

Com isso, os Ministros Celso de Mello e Cezar Peluzzo, votaram da seguinte forma:

> Há, portanto, um momento claramente definido no texto constitucional, a partir do qual se descaracteriza a presunção de inocência, vale dizer, aquele instante em que sobrevém o trânsito em julgado da condenação criminal. Antes desse momento, o Estado não pode tratar os indiciados ou réus como se culpados fossem. (Trecho do voto proferido pelo Ministro Celso de Mello no julgamento do HC 84.078/MG, 2009, p. 14.)
> O ordenamento jurídico constitucional não tolera, por força do princípio, que o réu, no curso do processo penal, sofra qualquer medida gravosa, cuja justificação seja um juízo de culpabilidade que ainda não foi emitido em caráter definitivo. Toda medida que se aplique, mediante lei, ao réu, no curso do processo penal, e que não possa ser justificada ou explicada por outra causa jurídica, senão por um juízo de culpabilidade, ofende a garantia constitucional. (Trecho do voto proferido pelo Ministro Cezar Peluso no julgamento do HC 84.078/MG, 2009, p. 06.)

Neste sentido, os Ministros Celso de Mello e Eros Grau, defenderam que mesmo que o indivíduo responda uma acusação penal, não isentaria o gozo de suas garantias individuais e os direitos fundamentais, que seriam princípios basilares do Estado Democrático de Direito, logo não caberia ao poder judiciário afastar o tratamento que lhe foi imputado pela Constituição Federal.

Outrossim, os Ministros entenderam que tirar essa liberdade do réu, seria como descaracterizá-lo como um indivíduo só por estar em condição de acusado.

Já o Ministro Cezar Peluso, entendeu que um pensamento contrário ao artigo 5º, inciso LVII da Constituição Federal de 1988, perderia o efeito de norma constitucional, sendo adotada por maneira moral.

Após longa exposição do Ministro Celso de Mello, explica que existe diferença entre a prisão cautelar e a prisão como cumprimento de sentença, por apresentarem finalidade diferenciada, devido a hipótese de aplicação.

Em seu voto, o Ministro Marco Aurélio alertou os demais Ministros quanto ao caráter inconvertível da execução penal, levando em consideração os danos que possa causar ao paciente em questão.

Resgatando a jurisprudência da corte em comento, o Ministro Eros Grau destaca a impossibilidade da execução provisória da pena restritiva (Artigo 147 Leis de Execuções Penais), onde disse que seria ir contra sua própria jurisprudência defender a execução antecipada da prisão, destacando esse trecho de seu voto:

> Ora, se é vedada a execução da pena restritiva de direito antes do trânsito em julgado da sentença, com maior razão há de ser coibida a execução da pena privativa de liberdade – indubitavelmente mais grave – enquanto não sobrevier título condenatório definitivo. Entendimento diverso importaria franca afronta ao disposto no artigo 5o, inciso LVII da Constituição, além de implicar a aplicação de tratamento desigual a situações iguais. (Trecho do voto proferido pelo Ministro Eros Grau no julgamento do HC 84.078/MG, p. 04.)

Os Ministros que votaram pela denegação da ordem, Ministra Ellen Gracie, Ministra Carmém Lúcia, Ministro Joaquim Barbosa e o Ministro Menezes Direito, sustentaram suas posições acerca do artigo 637 do Código de Processo Penal e no artigo 27, § 2º da lei 8.038/90, já revogado pelo artigo 1.072 do Código de Processo Civil de 2015.

A correlação do artigo 5º, inciso LVII, da Constituição Federal de 1988, com a execução antecipada da sentença nos casos de Recurso Especial e Recurso Extraordinário, se dá pelo fato de que no entendimento desses Ministros, tais recursos têm caráter devolutivo, portanto há a possibilidade da execução da sentença antes do trânsito em julgado.

Segundo a Ministra Ellen Gracie e o Ministro Menezes Direito, o consentimento da ordem faria com que a jurisprudência da corte atuasse contra *legem*, pois fazem parte de fontes secundárias do direito, indo contra a lei. Ainda defenderam que o juízo de culpa deveria ser superior a presunção de inocência, mesmo não havendo caráter definitivo, sendo possível a modificação da sentença. Vejamos:

> A norma 'ninguém será considerado culpado até o trânsito em julgado da sentença penal condenatória' não pode ser equiparada a uma vedação da privação de liberdade antes do julgamento dos recursos extraordinário e especial. Nesses recursos o que está em discussão é a tese jurídica e não a matéria de fato. O esgotamento do exame da matéria de fato se dá nas instâncias ordinárias. E é nelas que o julgamento se conclui, reservadas às instâncias extraordinária e especial o acesso restrito, exatamente para não prolongar indefinidamente os processos e retardar com isso a execução dos julgados. (Trecho do voto proferido pelo Ministro Menezes Direito no julgamento do HC 84.078/MG, 2009, p. 05.)

Neste sentido, os Ministros defendem que o impedimento da execução da sentença condenatória expresso em instâncias ordinárias traz à tona recursos protelatórios, visando a delonga do julgado. Neste sentido:

> Adotar a tese em que somente com o trânsito em julgado da condenação poderia haver execução penal causará verdadeiro estado de impunidade – considerando a sobrecarga já consolidada do Poder Judiciário, e em especial essa Suprema Corte –, especialmente para aquele sentenciado que dispo-

nha a seu favor de defensor cujo fim precípuo seja utilizar-se do maior número possível e imaginável de recursos (...) (Trecho do Voto proferido pelo Ministro Joaquim Barbosa no julgamento do HC 84.078/MG, 2009, p. 02.)

Nada obstante, a prevalência foi pela inconstitucionalidade da antecipação da execução da sentença penal condenatória, ainda que tenha recursos especiais e extraordinários pendentes para apreciação, decidindo contra o artigo 637 do Código de Processo Penal e o artigo 27, § 2º da Lei 8.038/90 onde garante os efeitos devolutivos para os respectivos recursos.

Desse modo, a jurisprudência do Supremo Tribunal Federal baseou-se no acórdão:

> HABEAS CORPUS. RÉU QUE RESPONDEU AO PROCESSO EM LIBERDADE. ABSOLVIÇÃO EM PRIMEIRO GRAU. CONDENADO PELO TRIBUNAL DE JUSTIÇA EM SEDE DE APELAÇÃO. EXPEDIÇÃO DE MANDADO DE PRISÃO SEM QUALQUER JUSTIFICATIVA. CONSTRANGIMENTO ILEGAL EVIDENCIADO. ORDEM CONCEDIDA.
> 1. É pacífica a compreensão desta Corte de que toda prisão anterior à condenação transitada em julgado somente pode ser imposta por decisão concretamente fundamentada, mediante a demonstração explícita da sua necessidade, observado o artigo 312 do Código de Processo Penal.
> 2. Ademais, impõe-se salientar que o Plenário do Supremo Tribunal Federal, em decisão recente (5/2/2009), concedeu o HC no 84.078, proclamando que a execução de sentença condenatória, enquanto pendente o julgamento de recurso, especial ou extraordinário, contraria o disposto no artigo 5o, inciso LVII, da Constituição Federal, ressalvada, contudo, a possibilidade de imposição da custódia cautelar em decisão fundamentada.
> 3. Tendo o réu permanecido em liberdade durante todo o curso do processo, além de ter sido absolvido em primeiro grau, revela-se evidenciado o constrangimento ilegal se o Tribunal local determina a expedição de mandado de prisão por ocasião do julgamento da apelação sem apontar qualquer justificativa para a imposição da medida extrema.

4. *Habeas corpus* concedido para garantir ao paciente o direito de aguardar em liberdade o trânsito em julgado da condenação.
(HC 146.357/SP, Rel. Ministro HAROLDO RODRIGUES (DESEMBARGADOR CONVOCADO DO TJ/CE), SEXTA TURMA, STJ, julgado em 17/08/2010).
HABEAS CORPUS. DISPENSA INDEVIDA DE LICITAÇÃO. ART. 89, CAPUT, LEI No 8.666/93. CONDENAÇÃO. DIREITO DE RECORRER EM LIBERDADE. DEFERIMENTO PELO JUÍZO SINGULAR. APELO JULGADO. ESGOTAMENTO DAS VIAS ORDINÁRIAS. PRISÃO DETERMINADA PELA CORTE A QUO. AUSÊNCIA DE INDICAÇÃO DE FUNDAMENTOS IDÔNEOS PARA JUSTIFICAR A CUSTÓDIA CAUTELAR. CUMPRIMENTO ANTECIPADO DA REPRIMENDA. INCONSTITUCIONALIDADE DECLARADA PELO PLENÁRIO DO STF. EXEGESE DO ART. 5.o, LVII, DA CF/88. CONSTRANGIMENTO ILEGAL CONFIGURADO. LIMINAR CONFIRMADA. ORDEM CONCEDIDA.
1. Viola o princípio da presunção de inocência a expedição de mandado de prisão pelo simples esgotamento das vias ordinárias, pois o Supremo Tribunal Federal, em razão do disposto no inciso LVII do art. 5º da Constituição da República, decidiu pela inconstitucionalidade da execução provisória da pena.
2. Tratando-se de réu que respondeu ao processo em liberdade por decisão do Juízo singular – inclusive durante o processamento do recurso de apelação criminal -, resta caracterizado o constrangimento ilegal quando o Tribunal impetrado ordena a prisão cautelar antes do trânsito em julgado da condenação sem indicar os motivos concretos pelos quais, após o exame do recurso de apelação, seria necessário o recolhimento ao cárcere, à luz do art. 312 do CPP.
3. Ordem concedida para, confirmando-se a liminar anteriormente deferida, determinar que o paciente aguarde em liberdade o trânsito em julgado da condenação, se por outro motivo não estiver preso, sem prejuízo de que nova ordem de segregação seja proferida, desde que demonstrada a presença de quaisquer das hipóteses previstas no artigo 312 do CPP.

(HC 324.527/SP, Rel. Ministro LEOPOLDO DE ARRUDA RAPOSO (DESEMBARGADOR CONVOCADO DO TJ/PE), QUINTA TURMA, julgado em 01/09/2015, DJe 11/09/2015).

Contudo, o plenário do Supremo Tribunal Federal, em fevereiro de 2016 voltou com essa discussão, acerca da antecipação da execução da sentença penal condenatória, dessa vez decidindo pela sua aplicabilidade, destoando do entendimento anterior, que foi o *Habeas Corpus* 84.078 Minas Gerais, o que veremos no tópico a seguir.

3.2. *HABEAS CORPUS* 126.292 SÃO PAULO

No caso do *Habeas Corpus* em comento, o paciente foi condenado pelo crime de roubo majorado, à 5 anos e 4 meses de reclusão. Com essa sentença, interpôs recurso de apelação perante o Tribunal de Justiça de São Paulo, onde foi negado provimento do recurso, onde foi determinada a expedição de mandado de prisão contra o réu.

Diante disso, a defesa impetrou o *Habeas Corpus* no Superior Tribunal de Justiça, onde foi analisado em caráter liminar, denegando a ordem, sem ao menos alegar os requisitos da medida excepcional, onde deu a entender que a antecipação do cumprimento da pena seria válida.

Decidindo de acordo com a súmula 267 do Superior Tribunal de Justiça e contra a jurisprudência do Supremo Tribunal Federal de 2009, o Superior Tribunal de Justiça antecipou o cumprimento da sentença condenatória do réu.

Irresignada, a defesa extraordinária desenvolvida pela Defensoria Pública do Estado de São Paulo, impetrou um novo *Habeas Corpus* no Supremo Tribunal Federal, pretendendo a liberdade e o reconhecimento do entendimento que foi firmado anteriormente pela mesma corte. O *Habeas Corpus* foi distribuído para o Ministro Teori Zavascki, que decidiu pela concessão da ordem do Habeas Corpus, para a revogação da prisão preventiva decretada pelo tribunal *a quo*.

Em fevereiro de 2016, foi levado à julgamento pelo Tribunal Pleno, no qual acompanharam o voto do relator os Ministros, Dias Toffoli, Carmém Lúcia, Gilmar Mendes, Edson Fachin e Luís Roberto Barroso, entenderam que é possível o início da execução da pena antes do trânsito em julgado.

O Ministro relator estabeleceu dois critérios acerca do assunto, vejamos:

> O tema relacionado com a execução provisória de sentenças penais condenatórias envolve reflexão sobre (a) o alcance do princípio da presunção da inocência aliado à (b) busca de um necessário equilíbrio entre esse princípio e a efetividade da função jurisdicional penal, que deve atender a valores caros não apenas aos acusados, mas também à sociedade, diante da realidade de nosso intricado e complexo sistema de justiça criminal. (Trecho do Voto proferido pelo Ministro Teori Zavascki no julgamento do HC 126.192/SP, 2016, p. 04.)

Melhor dizendo, a presunção de inocência será esgotada quando esgotar de todos os fatos e provas, ocorrendo com o fim da persecução na esfera ordinária. Disse ainda, que o duplo grau ocorre em instâncias ordinárias, não sendo possível o processamento do recurso extraordinário e do recurso especial, considerando que não seria o momento para análise de matéria fático-probatória. Assim:

> Nessas circunstâncias, tendo havido, em segundo grau, um juízo de incriminação do acusado, fundado em fatos e provas insuscetíveis de reexame pela instância extraordinária, parece inteiramente justificável a relativização e até mesmo a própria inversão, para o caso concreto, do princípio da presunção de inocência até então observado. Faz sentido, portanto, negar efeito suspensivo aos recursos extraordinários, como o fazem o art. 637 do Código de Processo Penal e o art. 27, § 2o, da Lei 8.038/1990.
> (...)
> Realmente, a execução da pena na pendência de recursos de natureza extraordinária não compromete o núcleo es-

sencial do pressuposto da não culpabilidade, na medida em que o acusado foi tratado como inocente no curso de todo o processo ordinário criminal, observados os direitos e as garantias a ele inerentes, bem como respeitadas as regras probatórias e o modelo acusatório atual. Não é incompatível com a garantia constitucional autorizar, a partir daí, ainda que cabíveis ou pendentes de julgamento de recursos extraordinários, a produção dos efeitos próprios da responsabilização criminal reconhecida pelas instâncias ordinárias. (Trecho do Voto proferido pelo Ministro Teori Zavascki no julgamento do HC 126.192/SP, 2016, p. 07-08.)

Os votos vencedores proferidos pelos Ministros, defenderam que com a impossibilidade da execução de sentença proferida em instâncias ordinárias geraria a interposição de recursos desenfreadamente, apenas com caráter protelatório, para com isso almejarem a prescrição do crime, com a plena consciência de que os recursos especiais e extraordinários não interrompem a contagem de prazo prescricional, com a possibilidade dos defensores requererem a concessão cautelar de efeitos suspensivos à tais recursos.

O Ministro Edson Fachin salientou que a presunção de inocência não deveria invalidar os demais princípios constitucionais, devendo assim ser mitigado para ter a eficácia necessária. Vejamos:

> Se pudéssemos dar à regra do art. 5o, LVII, da CF caráter absoluto, teríamos de admitir, no limite, que a execução da pena privativa de liberdade só poderia operar-se quando o réu se conformasse com sua sorte e deixasse de opor novos embargos declaratórios. Isso significaria dizer que a execução da pena privativa de liberdade estaria condicionada à concordância do apenado. (...) Se afirmamos que a presunção de inocência não cede nem mesmo depois de um Juízo monocrático ter afirmado a culpa de um acusado, com a subsequente confirmação por parte de experientes julgadores de segundo grau, soberanos na avaliação dos fatos e integrantes de instância à qual não se opõem limites à devolutividade recursal, reflexamente estaríamos a

afirmar que a Constituição erigiu uma presunção absoluta de desconfiança às decisões provenientes das instâncias ordinárias. (Trecho do Voto proferido pelo Ministro Edson Fachin no julgamento do HC 126.192/SP, 2016, p. 05-06.)

O Ministro Luís Roberto Barroso, atestou em seu voto que a presunção de inocência estaria ligada à formação do juízo de culpa diante da conduta do acusado, e não ligado ao trânsito em julgado, segundo ele "O pressuposto para a privação de liberdade é a ordem escrita e fundamentada da autoridade judiciária competente, e não sua irrecorribilidade.".

Considerando que a presunção de inocência está condicionada à formação de juízo de culpa, a condenação em segunda instância afetaria a presunção de inocência, dando assim menos peso a norma.

Neste sentido, o Ministro Luís Roberto Barroso afirmou que a mudança do entendimento acerca do tema da corte tem como incentivo o "impacto traumático da própria realidade que se criou após a primeira mudança de orientação". De acordo com o Ministro, tal mudança produziria os seguintes benefícios:

> (i) permite tornar o sistema de justiça criminal mais funcional e equilibrado, na medida em que coíbe a infindável interposição de recursos protelatórios e favorece a valorização da jurisdição criminal ordinária;
> (ii) diminui o grau de seletividade do sistema punitivo brasileiro, tornando-o mais republicano e igualitário, bem como reduz os incentivos à criminalidade de colarinho branco, decorrente do mínimo risco de cumprimento efetivo da pena; e
> (iii) promove a quebra do paradigma da impunidade do sistema criminal, ao evitar que a necessidade de aguardar o trânsito em julgado do recurso extraordinário e do recurso especial impeça a aplicação da pena (pela prescrição) ou cause enorme distanciamento temporal entre a prática do delito e a punição, sendo certo que tais recursos têm ínfimo índice de acolhimento. (Trecho do Voto proferido pelo Ministro Luis Roberto Barroso no julgamento do HC 126.192/SP, 2016, p. 01-02.)

Discorrendo acerca dos números excessivos de prisões provisórias no Brasil, o Ministro Luís Roberto Barroso expôs que tal mudança do entendimento no Supremo Tribunal Federal modificaria a orientação dos demais juízes, diminuindo assim a quantidade de prisões cautelares, pois só aconteceriam no caso de "se você não pune no início, não consegue punir no final. "

Posto isso, para o Ministro Luís Roberto Barroso o cumprimento da pena em segunda instância, passaria a ser "exigência de ordem pública, necessária para assegurar a credibilidade do Poder Judiciário e do sistema penal.". Sendo assim:

> A afronta à ordem pública torna-se ainda mais patente ao se considerar o já mencionado baixíssimo índice de provimento de recursos extraordinários, inferior a 1,5% (em verdade, inferior a 0,1% se considerarmos apenas as decisões absolutórias), sacrificando os diversos valores aqui invocados em nome de um formalismo estéril. (Trecho do Voto proferido pelo Ministro Luis Roberto Barroso no julgamento do HC 126.192/SP, 2016, p. 16.)

De acordo com a modificação do entendimento que já havia se pacificado na Suprema Corte, onde trata acerca da incidência da presunção de inocência no processo penal, reduzindo à instância ordinária. Sendo assim, este trabalho visa fazer um recorte dos principais argumentos trazidos no debate acerca do tema, para demonstrar a gravidade dos possíveis efeitos negativos desta decisão na conjuntura nacional, bem como para a esfera criminal.

3.3. UM DIAGNÓSTICO ACERCA DA (IN)EFICÁCIA DA ANTECIPAÇÃO DA EXECUÇÃO DA PENA

O Supremo Tribunal Federal, no ano de 2016, modificou seu entendimento, que sete anos antes tinha decidido por não permitir que fosse autorizada a execução antecipada da sentença.

Segundo os ministros que se posicionaram no sentido da constitucionalidade da execução da sentença penal condenatória proferida em segundo grau, o entendimento anteriormente consolidado pela corte tinha por consequência um prejuízo o processo e ao jus puniendi.

Com isso, a impossibilidade da execução provisória de sentença condenatória dava margem para a interposição de recursos protelatórios, visando o retardamento do *jus puniendi*, ou até mesmo acabá-lo, mediante a prescrição da pretensão punitiva.

De acordo com esses Ministros, a decisão em segundo grau exaure a análise fático-probatória da matéria, possibilitando um juízo de culpa a respeito da acusação que daria aval para a execução imediata da decisão.

3.4. MUTAÇÃO CONSTITUCIONAL DO ART. 5º, INCISO LVII, DA CONSTITUIÇÃO FEDERAL DE 1988

As pessoas que defendem a mudança constitucional do Artigo 5º, inciso LVII da Constituição Federal de 1988, entende que não há mais abertura no interesse social, para o cumprimento da execução da sentença penal condenatória antes do trânsito em julgado.

Assim, o Ministro Luís Roberto Barroso sustentou:

> É necessário conferir ao art. 5º, LVII interpretação mais condizente com as exigências da ordem constitucional no sentido de garantir a efetividade da lei penal, em prol dos bens jurídicos que ela visa resguardar, tais como a vida, a integridade psicofísica, a propriedade – todos com status constitucional. Trata-se, assim, de típico caso de mutação constitucional, em que a alteração da realidade social altera o próprio significado do Direito. (Trecho do Voto proferido pelo Ministro Luis Roberto Barroso no julgamento do HC 126.192/SP, 2016, p. 05.)

De acordo com o Ministro, o prolongamento do processo para que a pena não seja aplicada e a conquista da prescrição da pretensão punitiva não está de acordo com os interesses sociais, obtendo assim a impunidade pelo crime cometido. Deste modo, veio a necessidade de adequar regra de tratamento constitucional em comento.

Para a realização dessa adequação é necessário a mutação constitucional do Artigo 5º, inciso LVII da Constituição Federal de 1988, para quem a defenda, autorizando assim a execução da sentença antes do trânsito em julgado.

Deste modo, a mutação constitucional deverá observar os limites impostos pela Constituição, não contrariando o texto constitucional e os princípios tutelados por ela, neste sentido:

> A expressão mutação constitucional é reservada somente para todo e qualquer processo que altere ou modifique o sentido, o significado e o alcance da Constituição sem contrariá-la; as modalidades de processos que introduzem alteração constitucional, contrariando a Constituição, ultrapassando os limites· constitucionais fixados pelas normas, enfim, as alterações inconstitucionais são designadas por mutações inconstitucionais. Assim, em síntese, a mutação constitucional altera o sentido, o significado e o alcance do texto constitucional sem violar-lhe a letra e o espírito. Essa a característica fundamental da noção de mutação constitucional que merece, por ora, ser ressaltada. Trata-se, pois, de mudança constitucional que não contraria a Constituição, ou seja, que, indireta ou implicitamente, é acolhida pela Lei Maior. (FERRAZ, 2015, p. 10.)

Podemos observar, que tal alegação de mutação constitucional fere claramente o dispositivo do artigo 5º, inciso LVII da Constituição Federal de 1988, onde o artigo diz expressamente que é proibida a execução provisória da sentença antes do trânsito em julgado.

Neste sentido, sendo a constituição taxativa ao determinar que a execução da pena apenas se dará após esgotadas todas as instâncias processuais, sendo condicionada ao trânsito em julgado. Deste modo a mutação constitucional não poderia prosperar nesse caso, estando contrária ao expresso na lei.

Com isso, defender a constitucionalidade da execução da pena antes do trânsito em julgado se fundamentando em mutação constitucional, seria uma afronta ao nosso texto constitucional.

A Constituição Federal tem como objetivo assegurar que o culpado de um delito não sofra sanção arbitrária ou pelo clamor popular de vingança. Logo, a alegação de mutação constitucional não fere apenas o texto expresso na lei, mas também um processo penal democrático, assegurando todos os direitos fundamentais e garantias constitucionais.

Devemos lembrar que o papel do Supremo Tribunal Federal é o de garantir da nossa Constituição Federal, deste modo:

> O STF é guardião da Constituição, não seu dono e tampouco o criador do Direito Processual Penal, ou de suas categorias jurídicas. Há que se ter consciência disso, principalmente em tempos de decisionismo e ampliação dos espaços impróprios da discricionariedade judicial. (LOPES JUNIOR; BADARÓ, 2016, p. 17.)

Neste ínterim, é possível afirmar que a execução provisória da pena como sendo uma reinterpretação do artigo 5º, inciso LVII da Constituição Federal de 1988, resultaria em uma mutação inconstitucional, afrontando o que está expresso no artigo.

Nesse sentido, os Ministros afirmando que as instâncias ordinárias possuem força para analisar a matéria fático-probatória, assumindo que o estado de culpabilidade do acusado poderá sofrer uma inversão quando for confirmada em segunda instância, ou seja, a inocência do acusado é processada pelo estado de culpabilidade a partir da sentença penal condenatória em segunda instância.

Desta forma, a Constituição Federal assegura que o indivíduo acusado de um delito, até que se alcance o trânsito em julgado com o fim do processo e não até que se esgote a análise da matéria fático-probatória, Aury Lopes Jr. e Gustavo Badaró afirmam:

> Em suma, assegurar ao investigado ou acusado, durante a persecução penal, um estado de inocente – ou de não culpável – significa que ele não pode ser equiparado ao condenado definitivo. Ao contrário, seu status é absolutamente igual ao de quem nunca foi investigado o processado. Assim, não se pode admitir contra ele, com efeito automático da imputação ou mesmo de decisões judiciais, uma prisão obrigatória, representando antecipação de juízo de culpa e execução antecipada de uma pena que, a despeito de provável, ainda não é certa. (LOPES JUNIOR; BADARÓ, 2016, p. 14.)

A análise da matéria de fato não está somente vinculada ao juízo de culpa, não sendo suficiente que a partir disso o julgamento da demanda está concluído. No processo penal tem de se provar que a conduta é fato típico e ilícito.

Os tribunais superiores não podem retificar decisões proferidas em instâncias ordinárias acerca de matéria fático-probatória, entretanto os recursos especiais e extraordinários podem sim proferir entendimento diverso do que foi proferido em instância ordinária, analisando assim elementos jurídicos do caso concreto.

Os recursos ordinários têm por objetivo de reformar ou invalidar as decisões, podendo assim analisar questões tanto de fato como de direito, já os recursos extraordinários e especiais somente admitem as questões de direito, de natureza constitucional ou envolvendo lei federal. Com isso é possível que nos recursos especiais e extraordinários tenha a modificação da condenação ordinária, como a tipificação do delito, a natureza e tempo do cumprimento da pena, o regime.

Aury Lopes Jr. e Gustavo Badaró, afirmam:

> Embora no recurso especial e extraordinário não se discuta "questão de fato", é perfeitamente possível a sua interposição, para se questionar os critérios de apreciação da prova, a errada aplicação das regras de experiência, a utilização de prova ilícita, a nulidade da prova, o valor legal da prova, as presunções legais, ou a distribuição do ônus da prova, pois todas estas questões não são "de fato", mas "de direito".

Nesse campo, também deve ser aceito o recurso contra decisões para controlar a valoração probatória quanto aos princípios gerais da experiência, os conhecimentos científicos, as leis do pensamento e, até mesmo, os fatos notórios. (LOPES JUNIOR; BADARÓ, 2016, p. 25.)

Nesse sentido, é inviável afirmar que a culpa está provada após a decisão em segundo grau, de acordo com a nossa Constituição Federal, isso somente ocorre com o trânsito em julgado.

Os Ministros afirmaram que a interposição dos recursos especiais e extraordinários delongariam o julgamento, causando assim impunidade, tendo em vista prescrição da pretensão punitiva, gerando assim uma insatisfação pela população, objetivando o interesse social.

Ora, a demora do processamento de tais recursos, se dá pelo fato de que falta estrutura, sendo assim insuficiente devido à grande demanda. A mesma coisa acontece pela impunidade motivada pela prescrição da pretensão punitiva, onde o país não suporta a grande demanda.

Nesse caso o Supremo Tribunal Federal, aponta como problema a demora processual, colocando de lado o que diz a Constituição Federal, se mostraram muito preocupados acerca o volume processual, mas em nenhum momento pensaram no aumento da população carcerária.

Aury Lopes Jr. e Gustavo Badaró, analisaram tal impacto da seguinte forma:

> Nesse breve período de vigência da novel decisão, o que já se está vendo no Brasil é uma sanha punitivista e carcerizadora sem precedentes. Já há juízes de primeiro grau determinando, ex officio, a prisão de réus que aguardam o julgamento do recurso especial; há Desembargadores proferindo votos e já determinando a expedição de prisão na sessão de julgamento em que o resultado é condenatório; Procuradores Regionais Federais e Procuradores de Justiça estão requerendo a prisão após a sessão de julgamento do

recurso de apelação, quando o tribunal não se manifesta sobre a expedição do mandado de prisão. Enfim, para prender estão todos ativos. Resta saber se nosso medieval sistema carcerário vai dar conta...e a resposta é óbvia. (LOPES JUNIOR; BADARÓ, 2016, p. 17.)

3.5. A INEFICÁCIA DA PRISÃO COMO MEIO DE COMBATE À CRIMINALIDADE

Para começar, precisamos entender que a criminalidade está atrelada à muitos fatores, realidade econômica, étnica, social, cultural, a historicidade de todos esses fatores, entender que a desigualdade social que está presente no nosso cotidiano influenciam para esse fenômeno da criminalidade.

Podemos observar a contribuição de grande parte das instituições em geral, bem como da sociedade para que esse fenômeno ocorra, levando em consideração a discriminação, preconceito, racismo e excludente, não se comprometendo em atender os reais anseios da sociedade como um todo, os direitos básicos para que um indivíduo viva com dignidade.

De acordo com um estudo realizado pelo INFOPEN, um sistema de informações e estatísticas do sistema penitenciário brasileiro, o Brasil tem a 3º maior população carcerária do mundo, perdendo apenas para China e EUA. Além da precariedade e falta de estrutura, as penas se voltam para a população negra e pobre, vejamos:

> Entre os presos, 61,7% são pretos ou pardos. Vale lembrar que 53,63% da população brasileira têm essa característica. Os brancos, inversamente, são 37,22% dos presos, enquanto são 45,48% na população em geral. E, ainda, de acordo com o Departamento Penitenciário Nacional (Depen), em 2014, 75% dos encarcerados têm até o ensino fundamental completo, um indicador de baixa renda. (CALVI, 2018)

Consoante com esses dados, podemos observar que a população que mais sofre com o encarceramento em massa, são das pessoas economicamente desfavorecidas, ou seja, a população preta e pobre de nossa sociedade, que por total descaso do Estado e questão de sobrevivência optam por este caminho.

O Conselho Nacional de Justiça, em um estudo em agosto de 2018, mostra que a maioria dos sentenciados cometeram o crime de roubo e tráfico de drogas, vide gráfico abaixo:

Fonte: BNMP 2.0/CNJ - 6 de agosto de 2018

Apenas no Estado de São Paulo, o mais populoso do nosso país, o índice de presos condenados em execução provisória é alarmante, contando com o percentual de 40,82%, como mostra o gráfico abaixo:

Fonte: BNMP 2.0/CNJ - 6 de agosto de 2018

Podemos ver que o capitalismo faz com que a desigualdade social no Brasil cresça cada vez mais, com isso, a população desfavorecida aumenta também. A desigualdade social está totalmente atrelada com os modos de produção capitalistas, visando o lucro mediante acúmulo de capital.

No Brasil podemos observar como os acusados são tratados com descaso, quando um tribunal (Supremo Tribunal Federal) votou pela inconstitucionalidade da execução penal condenatória antes do trânsito em julgado e o mesmo tribunal anos depois votou pela constitucionalidade da prisão em segunda instância, sendo que a pessoa acusada já sofreu diversas vezes com o descaso do Estado, levando-o ao cometimento de tal crime.

Com isso o caráter punitivista torna-se grande, onde a maioria da população espera por um desejo de vingança, apresentando uma alternativa para os anseios sociais, a consequência disso é o aumento da criminalização, mas não diminuindo a criminalidade.

Desta forma, podemos observar que a nossa sociedade pune excessivamente, onde nem sempre os presos são culpados, sendo que 40,03% são presos provisoriamente, como vemos no gráfico a seguir:

Fonte: BNMP 2.0/CNJ - 6 de agosto de 2018

Neste ínterim, podemos observar que o sistema penal não busca minimizar os conflitos existentes, mas sim alimentam ainda mais o sistema punitivista em um país que não tem estrutura carcerária alguma, onde há o dobro de presos diante das vagas disponíveis nos presídios brasileiros.

Neste sentido, Aury Lopes Jr. e Gustavo Badaró, afirmam:

> Reconhece a situação de colapso do sistema carcerário e profere uma decisão completamente descomprometida com a situação apontada, agravando-a substancialmente? Não é possível ignorar a situação de fato ou, o que seria mais grave, dela tendo ciência e consciência, acreditar que a solução abrangente para uma persecução penal eficiente será, por meio da restrição à garantia constitucional da presunção de inocência, prender mais e pior! (LOPES JUNIOR; BADARÓ, 2016, p. 39.)

De acordo com os Ministros dos *Habeas Corpus* em comento, o nosso sistema penal não pune com tamanha facilidade, mas o nosso sistema carcerário nos mostra o contrário, se toda essa população carcerária combatesse a impunidade, nosso país seria o 3º lugar no combate à impunidade, devido a quantidade de pessoas encarceradas.

Podemos citar como exemplo o caso do Rafael Braga, sendo o único condenado nas manifestações de junho de 2013.

Jovem, negro, pobre, catador de latinhas e morador do Rio de Janeiro, sem ter participado das manifestações, ele portava uma garrafa de pinho sol e água sanitária.

Rafael Braga ficou preso por 5 meses, até que foi condenado em primeira instância à uma pena de 5 anos em regime fechado por porte de material explosivo. Em 2015 conseguiu a progressão para o regime aberto, no entanto em 2016 Rafael foi preso novamente portando 0,6g de maconha e 9,3g de cocaína, ele negou e a defesa afirmou que o flagrante foi forjado, respondendo assim por tráfico de drogas, associação para o tráfico e colaboração com o tráfico.

No mesmo ano de 2016, Rafael Braga foi sentenciado a 11 anos de prisão, a defesa de Rafael entrou com um pedido de *Habeas Corpus*, onde por 2 votos a 1 foi negado. Rafael contraiu tuberculose na prisão e foi colocado em prisão domiciliar por 6 meses.

Em novembro de 2018, Rafael Braga foi absolvido da acusação de associação ao tráfico de drogas e sua pena reduzida para 6 anos, a defesa continua na luta pela liberdade de Rafael Braga.

Esse exemplo é só um dos casos de como a arbitrariedade estatal acontece, no próximo capítulo veremos como a prisão do Ex-Presidente Luiz Inácio Lula da Silva se deu de forma arbitrária, inconstitucional e uma ameaça à democracia.

4
A PRISÃO DO EX-PRESIDENTE LULA

Luiz Inácio Lula da Silva foi condenado no dia 19 de julho de 2017 a uma pena de 9 anos e meio de prisão pelos crimes de corrupção e lavagem de dinheiro, o famoso "Caso do Triplex".

A sentença foi proferida nos autos da ação penal que tramitou perante a 13ª Vara Criminal da Justiça Federal em Curitiba, pelo então juiz federal Sérgio Moro, que hoje integra o cargo de Ministro da Justiça no governo de Bolsonaro.

Em 2016 foi perpetrado um golpe de Estado contra nossa Constituição Federal, que retirou nossa então presidente Dilma Roussef, onde se deu início a um processo de retrocesso aos direitos constitucionais e do Estado Democrático de Direito.

A sentença que foi proferida continha 238 laudas e expõe o uso do julgador para fins políticos, demonstrando assim o processo penal de exceção, bastante comum em regimes autoritários. Pedro Serrano, Professor de Direito Constitucional da PUC/SP, afirma:

> A condenação do ex-presidente Lula a nove anos e meio de prisão pelos crimes de corrupção passiva e lavagem de dinheiro é, creio que não a última, mais uma pá de cal a sepultar o Estado Democrático de Direito, confirmando a recorrência de medidas de exceção na nossa combalida democracia.
> Obtida a partir daquilo que o advogado criminal Fernando Hideo chama de "processo penal de exceção " – ou seja, um processo com aparência de processo judicial, que cumpre ritos e supostamente observa a garantia constitucional à ampla defesa, quando, na verdade, é apenas um teatro, cujo final já está predeterminado no script – a sentença, se confirmada, pode trazer enormes prejuízos não apenas a Lula, mas a toda sociedade brasileira. (SERRANO, et al., 2017.)

As conquistas derivadas do princípio do devido processo legal são fundamentais, são garantias que são inabdicáveis de onde decorrem o estado de inocência, a motivação das decisões, a imparcialidade do juiz, isonomia, a publicidade dos atos processuais, inafastabilidade da jurisdição, ampla defesa e a assistência jurídica.

No artigo 10º da Declaração Universal de Direitos Humanos de 1948, assegura que toda pessoa tem o direito a uma audiência justa e pública perante um tribunal independente e imparcial, vejamos:

> Artigo X – Todo ser humano tem direito, em plena igualdade, a uma justa e pública audiência por parte de um tribunal independente e imparcial, para decidir sobre seus direitos e deveres ou do fundamento de qualquer acusação criminal contra ele. (Declaração Universal de Direitos Humanos, Paris, 1948)

Com isso, o excesso de punitivismo provocado pelo Sistema Judiciário é praticado livremente e imperfeito, colocando em risco outras instituições e a democracia no país, sendo praticado pelo próprio Judiciário, acaba servindo de exemplo para impunidade, tornando assim o Estado de Direito uma exceção, causando assim consequências graves como o aumento da violência contra os movimentos sociais.

O presente capítulo tem como objetivo esmiuçar a sentença que condenou o ex-Presidente Lula, que vai além da pessoa do acusado, traz novidades processuais e demonstração das consequências preocupantes para todo o ordenamento jurídico brasileiro.

4.1. SÍNTESE DA SENTENÇA QUE CONDENOU O EX-PRESIDENTE LULA

A sentença proferida pelo juiz Sérgio Moro é bastante extensa, ao todo são 218 páginas, por isso vamos nos ater a parte que contém as controvérsias de tal sentença.

O juiz Sérgio Moro, utilizou-se de várias páginas para defender-se de abusos e ilegalidades feitas por alguns dos réus, refutando alegações de conduções coercitivas, buscas e apreensões domiciliares, publicidade de conversas particulares, interceptações telefônicas, inclusive de advogados. De acordo com o Professor e Procurador de Justiça do Ministério Público do Estado do Rio de Janeiro Afrânio Silva Jardim (2017, p. 25), que afirma "Em nosso entendimento, as justificativas do magistrados não são convincentes e os excessos que teria praticado ou determinado que fossem concretizados são todos do conhecimento público."

O magistrado, nos itens 153 ao 169 afirma que a competência para tal é da Justiça Federal, mesmo os acusados dos crimes sendo pessoas jurídicas de direito privado o que não se enquadra nas hipóteses constitucionais de competência da Justiça Federal, com fulcro no artigo 109 da Constituição Federal de 1988, vejamos:

> Art. 109. Aos juízes federais compete processar e julgar:
> I – as causas em que a União, entidade autárquica ou empresa pública federal forem interessadas na condição de autoras, rés, assistentes ou oponentes, exceto as de falência, as de acidentes de trabalho e as sujeitas à Justiça Eleitoral e à Justiça do Trabalho;
> II – as causas entre Estado estrangeiro ou organismo internacional e Município ou pessoa domiciliada ou residente no País;
> III – as causas fundadas em tratado ou contrato da União com Estado estrangeiro ou organismo internacional;
> IV – os crimes políticos e as infrações penais praticadas em detrimento de bens, serviços ou interesse da União ou de suas entidades autárquicas ou empresas públicas, excluídas as contravenções e ressalvada a competência da Justiça Militar e da Justiça Eleitoral;
> V – os crimes previstos em tratado ou convenção internacional, quando, iniciada a execução no País, o resultado tenha ou devesse ter ocorrido no estrangeiro, ou reciprocamente;

V- A as causas relativas a direitos humanos a que se refere o § 5º deste artigo; (Incluído pela Emenda Constitucional nº 45, de 2004)

VI – os crimes contra a organização do trabalho e, nos casos determinados por lei, contra o sistema financeiro e a ordem econômico-financeira;

VII – os *habeas corpus*, em matéria criminal de sua competência ou quando o constrangimento provier de autoridade cujos atos não estejam diretamente sujeitos a outra jurisdição;

VIII – os mandados de segurança e os habeas data contra ato de autoridade federal, excetuados os casos de competência dos tribunais federais;

IX – os crimes cometidos a bordo de navios ou aeronaves, ressalvada a competência da Justiça Militar;

X – os crimes de ingresso ou permanência irregular de estrangeiro, a execução de carta rogatória, após o "exequatur", e de sentença estrangeira, após a homologação, as causas referentes à nacionalidade, inclusive a respectiva opção, e à naturalização;

XI – a disputa sobre direitos indígenas.

§ 1º As causas em que a União for autora serão aforadas na seção judiciária onde tiver domicílio a outra parte.

§ 2º As causas intentadas contra a União poderão ser aforadas na seção judiciária em que for domiciliado o autor, naquela onde houver ocorrido o ato ou fato que deu origem à demanda ou onde esteja situada a coisa, ou, ainda, no Distrito Federal.

§ 3º Serão processadas e julgadas na justiça estadual, no foro do domicílio dos segurados ou beneficiários, as causas em que forem parte instituição de previdência social e segurado, sempre que a comarca não seja sede de vara do juízo federal, e, se verificada essa condição, a lei poderá permitir que outras causas sejam também processadas e julgadas pela justiça estadual.

§ 4º Na hipótese do parágrafo anterior, o recurso cabível será sempre para o Tribunal Regional Federal na área de jurisdição do juiz de primeiro grau.

§ 5º Nas hipóteses de grave violação de direitos humanos, o Procurador-Geral da República, com a finalidade de assegurar o cumprimento de obrigações decorrentes de tratados internacionais de direitos humanos dos quais o Brasil seja parte, poderá suscitar, perante o Superior Tribunal de Justiça, em qualquer fase do inquérito ou processo, incidente de deslocamento de competência para a Justiça Federal. (Incluído pela Emenda Constitucional nº 45, de 2004)

Além do mais, o magistrado alega que tem competência por conta de ser titular de outro processo onde tem conexão, vejamos:

> 167. Destaque-se ainda a conexão estreita da presente ação penal com os crimes que foram objeto da ação penal 5083376-05.2014.404.7000 na qual foram condenados por corrupção e lavagem de dinheiro os dirigentes da OAS José Adelmário Pinheiro Filho e Agenor Franklin Magalhães Medeiros pelo pagamento de vantagem indevida e ocultação e dissimulação dela ao Diretor da Petrobrás Paulo Roberto Costa em contratos do Consórcio CONPAR e do Consócio RNEST/CONEST (cópia da sentença no evento 847). Segundo a denúncia, essa mesma contratação e os mesmos acertos de propina teriam gerado créditos que teriam beneficiado o ex-Presidente Luiz Inácio Lula da Silva, sendo, portanto, a conexão ainda mais estreita do que a verificada em relação aos demais casos abrangidos na denominada Operação Lavajato.[1]

O magistrado alega conexão dos crimes praticados em São Paulo, todos de competência da Justiça Estadual, o artigo 70 e 76 do Código de Processo Penal fala acerca da competência:

> Art. 70. A competência será, de regra, determinada pelo lugar em que se consumar a infração, ou, no caso de tentativa, pelo lugar em que for praticado o último ato de execução.
> Art. 76. A competência será determinada pela conexão:
> I – se, ocorrendo duas ou mais infrações, houverem sido praticadas, ao mesmo tempo, por várias pessoas reunidas,

---

1   Sentença disponível no link < http://estaticog1.globo.com/2017/07/12/sentenca_lula.pdf>. Acesso em 09 de abril de 2019.

ou por várias pessoas em concurso, embora diverso o tempo e o lugar, ou por várias pessoas, umas contra as outras;
II – se, no mesmo caso, houverem sido umas praticadas para facilitar ou ocultar as outras, ou para conseguir impunidade ou vantagem em relação a qualquer delas;
III – quando a prova de uma infração ou de qualquer de suas circunstâncias elementares influir na prova de outra infração. (Código Penal, Brasil, 1940)

Na sentença, o magistrado apenas diz que existe a conexão, não explica e nem demonstra o porquê de tal conexão. Ora, a Constituição Federal é bem clara quanto ao assunto, no seu artigo 5º, inciso LIII diz que "ninguém será processado nem sentenciado senão pela autoridade competente" (Constituição Federal de 1988), portanto trata-se de incompetência absoluta, devendo assim o processo todo ser nulo. Afrânio Silva Jardim, que defende a incompetência do juiz Sérgio Moro, afirma:

> Note-se que aqui sequer estamos pondo em questão a própria competência (ou incompetência) do juiz Sérgio Moro para aqueles processos originários, que teriam "atraído" os demais crimes para a 13ª Vara Federal de Curitiba.
> De qualquer forma, é importante notar, tendo em vista o art.109 da Constituição Federal, que:
> a) A Petrobrás é uma sociedade empresária de direito privado (economia mista);
> b) A competência da justiça federal é prevista, taxativamente, na Constituição Federal, que leva em consideração o titular do bem jurídico violado pelo delito e não a qualidade do seu sujeito ativo; Aqui, o importante é o bem jurídico atingido pelo crime e não a qualidade do autor do delito.
> c) A prevenção não é fator de modificação ou prorrogação de competência, mas sim de fixação entre foros ou juízos igualmente competentes. (JARDIM, 2018)

Vale ressaltar que no Processo Penal, a conexão ou continência se dá entre as infrações penais e não pelos processos, além do mais a conexão pode alterar a competência de juízo ou de foro, mas nunca a competência da justiça.

Já nos itens 170 a 227 enfrentam as questões processuais, como a inépcia da denúncia e o cerceamento de defesa de alguns dos acusados, tal denúncia era extensa e faltava técnica, segundo o professor Afrânio Silva Jardim afirma que *"A boa técnica remenda, tendo em vista o disposto no art. 41 do Cod. Proc. Penal que, na denúncia, o órgão acusador faça imputações certas e determinadas, individualizando as condutas no tempo e lugar."* (JARDIM, 2016), o réu não saberia do que estava sendo acusado, logo não teria como se defender de maneira correta.

Com isso, a questão central da sentença, é se o ex-Presidente Lula praticou ou não os crimes que lhe foram imputados, os quais são, corrupção passiva e lavagem de dinheiro.

Na parte de corrupção passiva por conta de três contratos que foram lesivos à Petrobrás, onde a empreiteira OAS fora beneficiada indevidamente, deste modo foi doado para o ex-Presidente o apartamento Triplex parcialmente reformado.

Já na lavagem de dinheiro, lhe foi imputado porque não foi transferido para o seu patrimônio o imóvel doado.

No caso do apartamento, a acusação aduz que o imóvel é do ex-Presidente Lula e de sua falecida esposa Marisa Letícia, mas não existe nada na sentença que prove que o imóvel realmente é dos dois réus, ou que teriam tido a posse direta ou indiretamente do imóvel.

Para o Direito brasileiro, proprietário é aquele que tem a escritura pública registrada junto à matrícula do imóvel no registro geral de imóveis. Vale a pena ressaltar que o imóvel até hoje consta como sendo da OAS no Registro Geral de Imóveis, como proprietária teria dado como garantia real de dívidas contraídas no sistema financeiro.

Em toda a sentença, podemos ver que foge do verbo (conduta) do artigo 317 do Código Penal, usando as mais variadas expressões, vejamos:

> 1 – "... CONCEDEU ao ex-presidente Luiz Inácio Lula da Silva o apartamento 164-A, tríplex, do Condomínio Jardim Solaris..." (item 299 da sentença);

2 – "...foram encontrados diversos documentos relativos à AQUISIÇÃO do apartamento pelo ex-presidente..." (item 328);
3 – "...prova de que este imóvel estava RESERVADO pode ser encontrada em documentos da BANCOOP..." (item369);
4 – "...ainda, segundo a avaliação da testemunha Mariuza Aparecida da Silva Marques, Marisa Letícia Lula da Silva era TRATADA não como uma adquirente potencial do imóvel, mas uma pessoa para a qual ele já tinha sido DESTINADO..." (item 489);
5 – "...sendo ele POTENCIAL COMPRADOR..."(item 492);
6 – "...o apartamento 164-A foi reformado e que o ex-presidente e Marisa Letícia Lula da Silva TERIAM VISITADO o imóvel..." (item 502);
7 – Enfim, várias testemunhas declaram que julgavam que o imóvel era de propriedade do ex-presidente Lula, mas não dizem de que forma ele teria adquirido tal propriedade. (JARDIM, et al., 2017. p. 27.)

No caso da suposta aquisição do imóvel (que continua em nome da OAS), seria caracterizado como concurso formal de crimes, pois teria uma só conduta ou uma ação com dois resultados penalmente típicos, na questão de lavagem de dinheiro, como imputar tal crime sem dinheiro? O imóvel continua sendo da OAS, onde ela terá embargos de terceiro, devido ao confisco determinado na sentença do imóvel.

Diante disso, fica claro que imputaram o crime de lavagem de dinheiro, porque o Ex-presidente visitou o apartamento e "poderia" adquiri-lo posteriormente. O Ex-presidente não chegou sequer a receber o imóvel, não tomou posse, a transferência de propriedade imobiliária não pode ser feita verbalmente.

Neste caso, podemos observar que se não há prova de ato ilícito anterior, não existiria o elemento normativo do artigo 317 do Código Penal, a vantagem não seria indevida e não sendo indevida, a conduta é absolutamente atípica.

O fato de que o ex-Presidente tenha recomendado a nomeação de algumas pessoas da diretoria da Petrobrás, não o torna partícipe dos crimes que lhe foram imputados, segundo nosso

Direito Penal, nem que se ele estivesse ciente de um crime praticado por essas nomeações, ele não seria culpado, pois necessitaria de uma conduta específica de auxílio ou instigação.

No tocante à sentença aqui esmiuçada, podemos perceber que o ex-Presidente Lula não teve um processo penal justo.

4.2. JUÍZO DE EXCEÇÃO E CONDENAÇÃO SEM PROVAS UMA AMEAÇA À DEMOCRACIA

Como já havíamos falado no tópico anterior, a prisão arbitrária do ex-Presidente Lula apresenta uma afronta ao Estado Democrático de Direito. Sabemos também que o judiciário brasileiro vem praticando arbitrariedades, ilegalidades e claras violações aos princípios constitucionais que são relacionados com a matéria, onde os principais alvos de tais violações são sempre a população mais vulnerável, como os pobres, pretos, mulheres e jovens.

A condenação de Lula seria apenas mais uma variação de toda essa arbitrariedade, violação e abusos praticados pelo então juiz Sérgio Moro, sendo assim um verdadeiro estado de exceção em nossa democracia.

O ex-Presidente Lula representa a população trabalhadora, que não teve oportunidade de estudar, líder sindical, enfrentou a fome no sertão nordestino e que de longe foi o Presidente que mais combateu a desigualdade social e promoveu a distribuição de renda no país.

A sentença que condenou Lula, foi prolatada um dia após a triste reforma trabalhista, que retira direito dos trabalhadores e some com as conquistas históricas da CLT. A criminalização de Lula só comprova como o país quer "exterminar" a esquerda do país, o atual presidente Jair Bolsonaro, uma semana antes de sua vitória, fez um discurso para simpatizantes na Avenida Paulista, onde disse que:

> Não tem preço as imagens que vejo agora da Paulista e de todo o meu querido Brasil. Perderam ontem, perderam em

2016 e vão perder a semana que vem de novo. Só que a faxina agora será muito mais ampla. Essa turma, se quiser ficar aqui, vai ter que se colocar sob a lei de todos nós. Ou vão pra fora ou vão para a cadeia. Esses marginais vermelhos serão banidos de nossa pátria. (Veja, 2018)

Com essa criminalização da esquerda no país, podemos observar o desmonte do Estado Social, o fim dos movimentos sociais, de manifestações, a arbitrariedade do judiciário tomando força, como aconteceu com o golpe de 2016, onde uma presidente democraticamente eleita por 54 milhões de votos foi deposta de seu cargo, a prisão de Lula foi uma continuação de todo esse processo de criminalização da esquerda, pois o retirou da corrida presidencial em 2018, de acordo com o professor José Carlos Moreira da Silva Filho, todo esse processo gerou uma fase de instabilidade, insegurança institucional e ilegitimidade do Estado Democrático de Direito, vejamos:

> Assim como a concretização de um impeachment sem crime de responsabilidade fragiliza a única fonte legítima do poder em um Estado Democrático, alijando o cidadão do processo decisório na esfera pública e causando uma avassaladora onda de instabilidade, ilegitimidade e insegurança institucional, o impedimento judicial ilegal e arbitrário da candidatura do Ex-Presidente Lula, franco favorito, às próximas eleições para o cargo político máximo do país, será, caso ocorra, uma intromissão inadmissível nas liberdades democráticas de toda a sociedade. (SILVA FILHO, et al, 2017, p. 237.)

Já vimos em outro capítulo deste trabalho que o imóvel, o famoso triplex, jamais esteve em nome de Lula ou de sua falecida esposa, Letícia Maria, bem como jamais esteve na posse do imóvel, o Código Civil Brasileiro é bem claro quanto à transferência de propriedade:

> Art. 1.245. Transfere-se entre vivos a propriedade mediante o registro do título translativo no Registro de Imóveis.

> § 1º Enquanto não se registrar o título translativo, o alienante continua a ser havido como dono do imóvel.
> § 2º Enquanto não se promover, por meio de ação própria, a decretação de invalidade do registro, e o respectivo cancelamento, o adquirente continua a ser havido como dono do imóvel. (BRASIL, Código Civil, 2002)

Na referida sentença em nenhum momento é apresentado qualquer documento que comprove a intenção de Lula querer ser o dono ou de que seria o possuidor do imóvel, e a defesa do ex-presidente apresentou provas de que o imóvel pertencia à OAS.

Neste sentido, ficou claro de que Lula não praticou corrupção passiva (Artigo 317 do Código Penal), qual seria receber ou solicitar vantagem indevida, dito isso o juiz Sérgio Moro concluiu que Lula teria recebido a propriedade de fato, tal afirmação é um conceito que se assemelha penas com a posse para o Direito Civil e mesmo assim não seria a posse do imóvel, tanto que Lula compareceu ao imóvel apenas uma única vez. Vejamos o ponto crucial da sentença do juiz Sérgio Moro no tocante a outorga do imóvel para Lula:

> 302. Essa é a questão crucial neste processo, pois, se determinado que o apartamento foi de fato concedido ao ex-Presidente pelo Grupo OAS, sem pagamento do preço correspondente, sequer das reformas, haverá prova da concessão pelo Grupo OAS a ele de um benefício patrimonial considerável, estimado em R$ 2.424.991,00 e para o qual não haveria uma causa ou explicação lícita.
> 303. Ao contrário, se determinado que isso não ocorreu, ou seja, que o apartamento jamais foi concedido ao ex-Presidente, a acusação deverá ser julgada improcedente.[2]

Analisando os trechos que foram transcritos acima, o juiz Sérgio Moro tenta analisar se de fato a propriedade pertence ou não à Lula, quando o ponto central do processo é comprovar se o tal benefício que Lula recebeu seria um pagamento à Lula

---

2   Ibidem.

por uma suposta participação nos esquemas de corrupção da Petrobrás, como já explanado aqui, não há nenhuma comprovação de que Lula tenha recebido o apartamento.

Vejamos mais alguns trechos da sentença:

> 914. Sem que haja melhor prova de que os executivos tinham ciência de que a manutenção do imóvel indevidamente em nome da OAS Empreendimentos e de que a realização das reformas com ocultação do real beneficiário tinham origem em um acerto de corrupção, não podem eles responder por crimes de lavagem.
> 915. Não reputo aqui pertinente as construções em torno da doutrina da cegueira deliberada no crime de lavagem dinheiro e da responsabilização por dolo eventual, pois elas também exigem a presença de um contexto que torne pelo menos de elevada probabilidade o conhecimento da origem criminosa dos recursos utilizados em uma transação de lavagem. Considerando as peculiaridades do caso, com o repasse da vantagem indevida atráves de negócios imobiliários, é possível que tenham cogitado outras hipóteses razoáveis para justificar as ordens recebidas de José Adelmário Pinheiro Filho, até mesmo de que se tratava de um presente do Grupo OAS para o ex-Presidente.[3]

Nestes dois trechos, o juiz Sérgio Moro justifica a absolvição de outros réus do processo, funcionários da OAS, onde o juiz afirma que os funcionários teriam "cogitado outras hipóteses razoáveis" para as reformas no Triplex, ou até mesmo quando ele diz "de que se tratava de um presente do Grupo OAS para o ex-Presidente".

Em outros trechos da sentença, podemos observar outros motivos que poderiam fazer parte das "hipóteses razoáveis" para que o juiz absolvesse alguns réus, nos parágrafos 502 e 503 da sentença em comento, o juiz Sérgio Moro citou o depoimento de José Afonso Pinheiro, que trabalhou como zelador do prédio entre 2013 e 2016, o motivo de transcrever

---

3   Ibidem.

o depoimento do zelador era o de demonstrar que o apartamento pertencia ao ex-Presidente Lula e a falecida esposa Maria Letícia, vejamos:

> 502. Foi também ouvido José Afonso Pinheiro (evento 426), que teria trabalhado como zelador do Condomínio Solaris entre 11/2013 a 04/2016. Confirmou que o apartamento 164-A, triplex, foi reformado e que o ex-Presidente e Marisa Letícia Lula da Silva teriam visitado o imóvel.
> 503. Segundo sua afirmação, era conhecimento comum no prédio que o apartamento pertenceria ao ex-Presidente Luiz Inácio Lula da Silva:
> "Ministério Público Federal:- (...) E era dito de alguma forma que esse apartamento era pertencente ao ex-presidente Lula?
> José Afonso Pinheiro:- Sim, todos sabiam lá que o apartamento pertencia ao ex- presidente Lula, inclusive até os condôminos sabiam também que era dele o apartamento, sempre houve esse comentário lá.
> Ministério Público Federal:- Esse comentário foi depois da visita ou antes da visita, ou todos já sabiam isso?
> José Afonso Pinheiro:- Antes da visita o pessoal já comentava que o apartamento era dele.
> (...)
> Defesa:- Sim, excelência. Quando o senhor disse, respondendo a perguntas do doutor procurador da república, que os condôminos diziam que o ex-presidente Lula tinha um apartamento no local, é isso que o senhor respondeu?
> José Afonso Pinheiro:- Oi? Repete.
> Defesa:- Os condôminos diziam ao senhor que o ex-presidente Lula tinha um apartamento no Condomínio Solaris?
> José Afonso Pinheiro:- Inclusive tinham corretores que faziam as vendas de apartamentos no Condomínio Solaris, exatamente pessoas compravam porque achavam que o ex-presidente tinha um apartamento lá, os corretores mesmo faziam a propaganda do apartamento.
> Defesa:- Faziam propaganda dizendo que o ex-presidente Lula tinha um apartamento lá?
> José Afonso Pinheiro:- Exato, que ele tinha, que ele tem, né.

Defesa:- Isso era usado na propaganda de venda, então? José Afonso Pinheiro:- É, porque tinha corretor que falava Olha, aqui é o prédio que o presidente Lula tem um apartamento'.[4]

Segundo o depoimento do zelador do prédio, os corretores faziam propaganda de que o Lula teria um apartamento no condomínio, o que seria benéfico para a empresa, pois tal informação estimularia a venda de outras unidades no condomínio.

Os depoimentos de Léo Pinheiro e Agenor Franklin Magalhães, Presidente e Diretor de obras da OAS, são o único elemento probatório, Léo declara que em conversa com o tesoureiro do PT João Vaccari Neto, que afirmou que os valores das diferenças entre o apartamento comum e o tríplex reformado poderiam ser abatidos da conta geral de propinas, mas essa conversa não existe, pois afirmou que Lula teria falado para destruir tal prova.

No entanto, Agenor mencionou que Léo teria comentado acerca da conversa que teve com João Vaccari e como estava em uma viagem internacional, não teria como comprovar tal conversa. Ora, não existe nenhuma prova de tal acerto, bem como da conversa com João Vaccari. Os depoimentos em comento, vieram à tona depois de mais de um ano de prisão de Lula, não sendo homologados como delação premiada.

Houve apenas especulação, pois não conseguiram comprovação de nada, a lei de delação premiada é bem clara quanto a isso, onde diz que a mera comprovação não é prova concreta para se condenar.

Diante disso, o juiz Sérgio Moro concedeu a Léo Pinheiro o benefício de que ele poderia obter a progressão do regime após dois anos e meio em regime fechado.

É certo dizer que além da inexistência de provas de que houve alguma vantagem, mesmo sem ter a posse do imóvel e nem que foi recebido como propriedade, não há provas de

---

4 Ibidem.

que se tivesse recebido tal vantagem ela seria indevida, pois não existem provas de que a nomeação por Lula da Diretoria da Petrobrás ao Conselho de Administração da empresa saberia que tais pessoas estariam envolvidas em esquemas de corrupção.

Com isso, o juiz Sérgio Moro se baseou no depoimento de um réu confesso, preso há mais de dois anos, onde luta pela sua liberdade em troca de delação premiada, a importância de tal depoimento é que se ele tivesse mentido acerca do Tríplex para prejudicar o ex-Presidente Lula, poderia ter mentido também para prejudicar Lula acerca do armazenamento do acervo presidencial, vejamos o parágrafo da sentença do juiz Sérgio Moro:

> 936. As declarações de José Adelmário Pinheiro Filho soam críveis. Considerando sua manifesta intenção de colaborar, não se vislumbra por qual motivo admitiria a prática de um crime de corrupção e negaria o outro. Caso sua intenção fosse mentir em Juízo em favor próprio e do ex-Presidente Luiz Inácio Lula da Silva, negaria ambos os crimes. Caso a intenção fosse mentir em Juízo somente para obter benefícios legais, afirmaria os dois crimes. Considerando que a sua narrativa envolvendo o apartamento triplex encontra apoio e corroboração em ampla prova documental, é o caso de igualmente dar-lhe crédito em seu relato sobre o armazenamento do acervo presidencial.[5]

Além de tudo isso, no parágrafo 958 da sentença em comento, o juiz Sérgio Moro afirma que a queixa crime proposta contra ele pela Defesa de Lula, por conta do vazamento de conversas públicas com a então Presidente Dilma Roussef, conversas particulares entre pessoas de sua família, representaria uma tentativa de intimidação do juízo, a mesma coisa é feita com as ações de indenização por crimes contra a honra, onde foi proposta contra os Procuradores por conta do famoso Power Point apresentado por Deltan Dallagnol exibido em rede

---

5 Ibidem.

nacional na emissora de televisão Globo. Podemos ver assim, o nível de imparcialidade e arbitrariedade do então juiz Sérgio Moro, que hoje compõe o Governo Bolsonaro.

Em outros pontos da sentença, o juiz Sérgio Moro discorre acerca do que o ex-Presidente Lula deveria ter feito em seu mandato para o combate à corrupção, mais precisamente no parágrafo 795 o juiz Sérgio Moro, aduz que o ex-Presidente Lula, deveria ter feito algo para reverter a jurisprudência do Supremo Tribunal Federal onde os Ministros votaram à favor da prisão em segunda instância antes do trânsito em julgado, vejamos:

> 795. Algumas medidas cruciais, porém, foram deixadas de lado, como a necessária alteração da exigência do trânsito em julgado da condenação criminal para início da execução da pena, algo fundamental para a efetividade da Justiça Criminal e que só proveio, mais recentemente, da alteração da jurisprudência do Egrégio Supremo Tribunal Federal (no HC 126.292, julgado em 17/02/2016, e nas ADCs 43 e 44, julgadas em 05/10/2016). Isso poderia ter sido promovido pelo Governo Federal por emenda à Constituição ou ele poderia ter agido para tentar antes reverter a jurisprudência do Supremo Tribunal Federal.[6]

O juiz Sérgio Moro, afirma também que a condução coercitiva em 2016, sem prévia intimação, onde foi criado um circo midiático acerca disso, cobertura de grandes emissoras de televisão, afirmou que foi feita a condução coercitiva para a proteção de agentes policiais por conta de ameaça de mobilização de militância em favor de Lula, mas na época dos fatos o juiz afirmou que tal atitude era apenas para a segurança do próprio ex-Presidente Lula.

Acerca da dosimetria da pena utilizada pelo juiz Sérgio Moro, qual seja pena privativa de liberdade de 9 anos e 6 meses pela condenação nos crimes de corrupção passiva e lavagem de dinheiro.

---

6 Ibidem.

O sistema adotado no Brasil para dosimetria da pena é o sistema trifásico, onde na primeira fase analisa as circunstâncias judiciais estabelecidas no artigo 59 do Código Penal, Jorge Bheron Rocha, Professor de Direito e Processo Penal explica esse sistema, vejamos a seguir:

> A primeira fase da dosimetria analisa as circunstâncias judiciais estabelecidas no art. 59 (culpabilidade, conduta social, personalidade e antecedentes do agente, motivos, circunstâncias e consequências do crime e comportamento da vítima) e estabelece a pena base. Na segunda fase são analisadas as circunstâncias agravantes e atenuantes a fim de encontrar a pena provisória ou intermediária. Por fim, a pena definitiva é alcançada na terceira fase com a análise de eventuais causas de aumento (majorantes) ou causa de diminuição (minorantes). (ROCHA, et al., 2017, p. 230.)

Na sentença em comento, na primeira fase o juiz Sérgio Moro valorou negativamente as consequências e circunstâncias do crime e da culpabilidade do ex-Presidente Lula ao crime de corrupção passiva e de lavagem de dinheiro, ferindo assim os princípios da intransmissibilidade da responsabilidade penal e o da individualização da pena.

O princípio da intransmissibilidade da responsabilidade penal com fulcro no artigo 5º, inciso XLV da Constituição Federal de 1988, determina que:

> XLV – nenhuma pena passará da pessoa do condenado, podendo a obrigação de reparar o dano e a decretação do perdimento de bens ser, nos termos da lei, estendidas aos sucessores e contra eles executadas, até o limite do valor do patrimônio transferido; (Constituição Federal, Brasil, 1988)

Neste sentido, o juiz federal, aduz o montante de 16 milhões enviados a agentes do Partido dos Trabalhadores como circunstâncias do crime e as consequências do crime de que o custo da propina ter sido repassado para a Petrobrás, por meio de cobrança de preço superior à estimativa, onde a estatal arcou com o prejuízo no valor equivalente, onde fixou tal vantagem no montante de R$ 2.252.472,96. Tal valor seria a vantagem indevida que o ex-Presidente Lula seria caracterizada para o crime de corrupção passiva, onde o valor é muito menor dos 16 milhões repassados para o Partido dos Trabalhadores, onde claramente houve a transposição da responsabilidade penal ao atribuir o montante distribuído para diversas pessoas a uma só pessoa.

No caso do princípio da individualização da pena, que está previsto no artigo 5º, inciso XLVI da Constituição Federal de 1988, a pena deverá sempre ser individualizada para cada infrator, pois um crime é diferente do outro. Tal princípio está diretamente ligado ao que já falamos acima.

Deste modo, não se pode admitir que um esquema de corrupção com vários agentes, e que apenas um destes agentes tenha um acréscimo de culpa, onde seria transferida a culpabilidade dos demais para esse, onde teria um aumento em sua pena.

Neste sentido, a quantificação da culpabilidade no crime de lavagem de dinheiro é muito além do que as Cortes Superiores orientam, qual seja $1/8$ da diferença entre a pena máxima e a pena mínima. Houve também desproporção da fixação em decorrência e Lula ter mais do que 70 anos na data da sentença em comento, onde a jurisprudência e a doutrina que já haviam fixado um *quantum* de $1/6$ da pena base, onde resultaria na atenuação de 10 meses no crime de corrupção passiva e 8 meses no crime de lavagem de dinheiro.

Vimos aqui alguns pontos que demonstram que a sentença do juiz Sérgio Moro é incompatível com o Direito Penal, do Estado Democrático de Direito e com a Constituição Federal, que Lula foi condenado sem provas, por total "convicção", por fato atípico.

Com tudo o que foi apresentado, cada dia mais fica claro que Lula foi condenado para não poder participar da eleição em 2018, pois era um forte candidato ou o que mais estava à frente do pleito.

4.3. A SENTENÇA CONDENATÓRIA DO EX-PRESIDENTE LULA COMO UMA AFRONTA AO DIREITO INTERNACIONAL DOS DIREITOS HUMANOS

No tocante aos Direitos Humanos, o Direito Internacional dos Direitos Humanos garante o mínimo de direitos e garantias individuais, não dependendo assim de sua nacionalidade, sua origem ou algum vínculo com algum país específico. As crueldades cometidas pelo regime nazista apenas demonstraram que os direitos garantidos internamente não seriam o suficiente, podendo assim aparecer alguma autoridade estatal arbitrária tirando todos os direitos que lhe foram garantidos.

O Direito Internacional dos Direitos Humanos têm três vertentes, incluindo o Direito Internacional Humanitário, onde trata de proteção às pessoas em locais de conflitos armados, o Direito Internacional dos Refugiados protegendo pessoas perseguidas e que se enquadram no conceito de refugiados, o Direito Internacional dos Direitos Humanos que abarca todo o conceito de direitos e garantias coletivas, na última vertente, podemos encontrar os direitos ligados à justiça, onde devem ser respeitadas as garantias processuais das pessoas que passam por processos judiciais e administrativos.

Neste sentido, o princípio que mais deve ser respeitado e que dá origem para outros princípios, é o do devido processo legal, incorporando assim valores essenciais a qualquer julgamento: contraditório, ampla defesa, juiz natural, paridade de recursos, duplo grau de jurisdição, presunção de inocência, etc. A sentença proferida pelo então juiz Sérgio Moro, traz sérias violações aos princípios basilares.

A Declaração Americana de Direitos e Deveres do Homem estabelece não somente os direitos que são inerentes aos seres humanos, como também os deveres que são correlatos a esses direitos.

Em seu artigo 18, podemos observar que:

> Artigo XVIII. Toda pessoa pode recorrer aos tribunais para fazer respeitar os seus direitos. Deve poder contar, outrossim, com processo simples e breve, mediante o qual a justiça a proteja contra atos de autoridade que violem, em seu prejuízo, qualquer dos direitos fundamentais consagrados constitucionalmente. (Declaração Americana de Direitos e Deveres do Homem, Bogotá, 1948)

No artigo 26, trata da presunção de inocência:

> Artigo XXVI. Parte-se do princípio que todo acusado é inocente, até provar-se-lhe a culpabilidade.
> Toda pessoa acusada de um delito tem o direito de ser ouvida numa forma imparcial e pública, de ser julgada por tribunais já estabelecidos de acordo com leis preexistentes, e de que se lhe não inflijam penas cruéis, infamantes ou inusitadas. (Declaração Americana de Direitos e Deveres do Homem, Bogotá, 1948)

Já podemos verificar muitas irregularidades em todo o processo, onde vídeos demonstraram atitudes do juiz Sérgio Moro com parcialidade, má vontade e interrupções em seu depoimento. A pena de 9 anos e 6 meses agrida a honra de Lula, pois é de conhecimento de toda a população que o juiz Sérgio Moro trata o acusado como "nine" se referindo à falta de um dos dedos nas mãos.

A Declaração Universal de Direitos Humanos, no seu artigo 10º traz o direito no processo judicial:

> Todo ser humano tem direito, em plena igualdade, a uma justa e pública audiência por parte de um tribunal independente e imparcial, para decidir sobre seus direitos e deveres ou do fundamento de qualquer acusação criminal contra ele. (Declaração Universal de Direitos Humanos, Paris, 1948)

Já o artigo 11º, trata da presunção de inocência:

> 1. Todo ser humano acusado de um ato delituoso tem o direito de ser presumido inocente até que a sua culpabilidade tenha sido provada de acordo com a lei, em julgamento

público no qual lhe tenham sido asseguradas todas as garantias necessárias à sua defesa. (Declaração Universal de Direitos Humanos, Paris, 1948)

Podemos perceber pelas atitudes do juiz Sérgio Moro sua total imparcialidade, ferindo assim o artigo 10º acima, como suas declarações, suas aparições em eventos para comentar acerca do processo, suas ligações com os membros do Ministério Público que estavam envolvidos no caso, as relações próximas à adversários políticos do ex-Presidente Lula e os familiares do juiz ligados ao partido político que sempre foi oposição ao partido do ex-Presidente Lula, no caso PSDB, tudo isso só leva a imparcialidade do juiz e de como a intenção de condenar réu teria motivação pessoal.

Pela Convenção de Direitos Humanos, os tratados internacionais que são ratificados pelos Estados-membros, têm caráter vinculante, portanto os princípios processuais estão previstos também.

No ano de 1960, com proteção da ONU, foram celebrados dois pactos, o Pacto de Direitos Civis e Políticos e o Pacto de Direitos Econômicos, Sociais e Culturais, direcionados aos Estados-membros onde se comprometeram a fazer parte.

O Pacto de Direitos Civis e Políticos, conhecido como Pacto de Nova Iorque, no artigo 14º, parágrafo 1º e 2º, podemos observar que a sentença de do juiz Sérgio Moro não tratou Lula como igual, aumentando sua pena pelo fato de ter sido Presidente da República, vejamos abaixo:

ARTIGO 14
1. Todas as pessoas são iguais perante os tribunais e as cortes de justiça. Toda pessoa terá o direito de ser ouvida publicamente e com devidas garantias por um tribunal competente, independente e imparcial, estabelecido por lei, na apuração de qualquer acusação de caráter penal formulada contra ela ou na determinação de seus direitos e obrigações de caráter civil. A imprensa e o público poderão ser excluídos de parte da totalidade de um julgamento, quer por motivo de

moral pública, de ordem pública ou de segurança nacional em uma sociedade democrática, quer quando o interesse da vida privada das Partes o exija, que na medida em que isso seja estritamente necessário na opinião da justiça, em circunstâncias específicas, nas quais a publicidade venha a prejudicar os interesses da justiça; entretanto, qualquer sentença proferida em matéria penal ou civil deverá torna-se pública, a menos que o interesse de menores exija procedimento oposto, ou processo diga respeito à controvérsia matrimoniais ou à tutela de menores.
2. Toda pessoa acusada de um delito terá direito a que se presuma sua inocência enquanto não for legalmente comprovada sua culpa. (Decreto Nº 592, DE 6 DE JULHO DE 1992.)

Com o surgimento da Convenção Americana de Direitos Humanos que entrou em vigor em 1978, o sistema interamericano deixou de ser declaratório e passou a ser bem mais efetivo, o artigo 8º trata exatamente das garantias judiciais:

1. Toda pessoa tem direito a ser ouvida, com as devidas garantias e dentro de um prazo razoável, por um juiz ou tribunal competente, independente e imparcial, estabelecido anteriormente por lei, na apuração de qualquer acusação penal formulada contra ela, ou para que se determinem seus direitos ou obrigações de natureza civil, trabalhista, fiscal ou de qualquer outra natureza.
2.Toda pessoa acusada de delito tem direito a que se presuma sua inocência enquanto não se comprove legalmente sua culpa. Durante o processo, toda pessoa tem direito, em plena igualdade, às seguintes garantias mínimas:
a. direito do acusado de ser assistido gratuitamente por tradutor ou intérprete, se não compreender ou não falar o idioma do juízo ou tribunal;
b. comunicação prévia e pormenorizada ao acusado da acusação formulada;
c. concessão ao acusado do tempo e dos meios adequados para a preparação de sua defesa;
d. direito do acusado de defender-se pessoalmente ou de ser assistido por um defensor de sua escolha e de comunicar-se, livremente e em particular, com seu defensor;

e. direito irrenunciável de ser assistido por um defensor proporcionado pelo Estado, remunerado ou não, segundo a legislação interna, se o acusado não se defender ele próprio nem nomear defensor dentro do prazo estabelecido pela lei;
f. direito da defesa de inquirir as testemunhas presentes no tribunal e de obter o comparecimento, como testemunhas ou peritos, de outras pessoas que possam lançar luz sobre os fatos;
g. direito de não ser obrigado a depor contra si mesma, nem a declarar-se culpada;
h. direito de recorrer da sentença para juiz ou tribunal superior. (Convenção Americana de Direitos Humanos, Costa Rica, 1969)

Analisando a primeira parte do artigo, podemos observar que a garantia de um juízo ou tribunal competente não foi abarcado no caso da sentença de Lula, pois a defesa do ex-Presidente questionou a competência do juiz Sérgio Moro, onde atraiu para si outras ações que não seriam de competência dele.

Na segunda parte, que prevê que toda pessoa tem direito de se presumir inocente até que não se comprove legalmente sua culpa, tendo em vista que o ex-Presidente Lula nunca esteve na posse do imóvel, tampouco teve a propriedade, bem como não se provou que Lula teve benefício com o imóvel, o que não configuraria o crime de corrupção passiva e nem o de lavagem de dinheiro.

O princípio do juiz natural existe para que isso não ocorra, que o processo aconteça sem parcialidade, onde as partes não escolham os juízes que irão julgar o caso.

O Estatuto de Roma, tratado internacional que foi criado o Tribunal Penal Internacional em 1988, entrando em vigor em 2002, e o Brasil ratificou o Tratado de Roma em 2002, no texto do Estatuto existem vários princípios relacionados à processo, o artigo 66 trata acerca da presunção de inocência, vejamos:

> 1. Toda a pessoa se presume inocente até prova da sua culpa perante o Tribunal, de acordo com o direito aplicável.

2. Incumbe ao Procurador o ônus da prova da culpa do acusado.
3. Para proferir sentença condenatória, o Tribunal deve estar convencido de que o acusado é culpado, além de qualquer dúvida razoável. (Decreto N° 4.388, de 25 de Setembro de 2002.)

O item 3 é taxativo ao dizer que para proferir a sentença, necessita do convencimento do tribunal de que o réu é culpado, o que não foi o caso na sentença de Lula, no parágrafo 866 da sentença de Lula, podemos observar a dúvida, devendo levar a inocência do réu e não sua condenação, vejamos:

> 866. Na jurisprudência brasileira, a questão é ainda objeto de debates, mas os julgados mais recentes inclinam-se no sentido de que a configuração do crime de corrupção não depende da prática do ato de ofício e que não há necessidade de uma determinação precisa dele. Nesse sentido, v.g., decisão do Egrégio Superior Tribunal de Justiça, da lavra do eminente Ministro Gurgel de Faria:
> "O crime de corrupção passiva é formal e prescinde da efetiva prática do ato de ofício, sendo incabível a alegação de que o ato funcional deveria ser individualizado e indubitavelmente ligado à vantagem recebida, uma vez que mercancia da função pública se dá de modo difuso, através de uma pluralidade de atos de difícil individualização."(RHC 48400 – Rel. Ministro Gurgel de Faria – 5ª turma do STJ – un. – j. 17/03/2017)[7]

Fica claro que o juiz Sérgio Moro desrespeitou diversos dispositivos internacionais acerca dos Direitos Humanos, como profissional do poder judiciário, servidor do Estado e como cidadão, teria como obrigação de respeitá-los, garantindo assim tudo o que os tratados asseguram para que as pessoas tenham tratamento justo e igualitário.

---

[7] Ibidem.

4.4. LAWFARE CONTRA LULA

Nos últimos meses, temos ouvido falar muito acerca do *Lawfare*, uma expressão que se forma com a junção de duas palavras *law* (lei) e *warfare* (guerra), *Lawfare* em poucas palavras, seria o uso indevido de recursos jurídicos para perseguição política.

Para o Professor Márcio Sotelo Felippe, Procurador do Estado de São Paulo, coloca como *Lawfare* o processo contra Lula:

> Trata-se de *Lawfare*. A aniquilação de um personagem político pela via de mecanismos judiciais. A série de episódios grotescos que caracterizou a jurisdição nesse caso não deixa qualquer dúvida a respeito. O só fato de o processo entrar para o imaginário social como um combate "Moro vc. Lula" (uma capa de revista estampou uma caricatura de ambos como lutadores de box em um ringue) evidencia o caráter teratológico da atuação do magistrado. Moro cometeu crimes, violou deveres funcionais triviais, feriu direitos e garantias constitucionais do réu, feriu o sigilo de suas comunicações, quis expô-lo e humilhá-lo publicamente, manteve-o detido sem causa por horas, revelou conversas íntimas de seus familiares. Não há nada de desarrazoado na suspeita de que o AVC de Mariza Letícia tenha tido origem na série de constrangimentos a que sua família foi submetida. (FELIPPE, et al., 2017, p. 343)

Desde que o juiz Sérgio Moro vazou conversas telefônicas entre o ex-Presidente Lula e a ex-Presidente Dilma Roussef, para o Professor da Universidade de Harvard John Camaroff (apud BILENKY, 2016), Lula vem sendo vítima de *lawfare* para a criação de uma presunção de culpabilidade no que diz respeito à Lula.

Não é de surpresa para ninguém de que a "República de Curitiba" travou uma "guerra" contra o ex-Presidente Lula e ao o que eles dizem ser o "combate à corrupção".

Desta forma, podemos lembrar do famoso Power Point apresentado pelo Deltan Dallagnol, onde coloca Lula como o centro de todo o esquema de corrupção existente na Petrobrás, sem qualquer prova disso e sim apenas "convicções".

Além de todos os vícios já demonstrados aqui na sentença do juiz Sérgio Moro, mostrando que a presunção de inocência, o princípio do juiz natural, o princípio do devido processo legal, só comprovam que Lula não teve um julgamento justo e que o juiz Sérgio Moro não teve sua imparcialidade comprovada.

O ex-Presidente Lula foi denunciado pelo Ministério Público Federal por corrupção passiva e lavagem de dinheiro, segundo eles Lula seria o chefe de todo o esquema de corrupção, onde por meio de contratos teria lesado a Petrobrás, logo a vantagem recebida seria o apartamento Triplex e a reforma que teria feito nele, o que caracterizaria a corrupção passiva, já na lavagem de dinheiro teria sido caracterizada por conta do Lula não ter transferido o imóvel para o seu nome.

Durante toda a instrução processual, havia a possibilidade de que acostassem aos autos documentos comprobatórios que comprovassem tudo o que foi alegado na petição inicial, mas isso não aconteceu. Ouviram dezenas de testemunhas, apresentaram inúmeros documentos perícias foram realizadas, sem que comprovassem o alegado.

Para caracterizar o crime de corrupção passiva, o ex-Presidente Lula deveria ter tido vantagem indevida ainda no cargo de Presidente, mas finalizada a instrução probatória, isso não foi comprovado. Desta forma, o juiz Sérgio Moro mostra que Lula poderia ter influenciado na escolha dos cargos para diretores da Petrobrás, como se uma indicação pudesse tornar essa pessoa culpada pelos atos ilícitos futuros dos indicados.

No caso da lavagem de dinheiro, o ex-Presidente Lula teria recebido como a vantagem indevida o apartamento no Guarujá, mas sem conseguir provar que a posse teria sido do ex-Presidente Lula, o juiz Sérgio Moro aduz que ele era o "proprietário de fato" do imóvel, mesmo sem ter gozado, fruído, disposto do bem.

De acordo com o professor Ricardo Lodi Ribeiro, o *lawfare* contra Lula trará destruição para o Estado Social:

> Nesse sentido, o *Lawfare* que se dirige hoje contra Lula, se exitoso, dará contornos definitivos ao esfacelamento do Estado Social promovido após o impeachment. Se o golpe parlamentar que o viabilizou, a partir da utilização peculiar de categorias do direito financeiro, permitiu o desmonte do incipiente sistema de proteção social às pessoas mais vulneráveis, as tentativas abusivas de tornar inelegível o candidato favorito às eleições de 2018 busca sepultar o maior risco ao projeto de consagração da sociedade de mercado, a que aludia Karl Polany, com a separação do sistema econômico do sistema social, subordinando este em relação aos interesses do mercado, que foi pavimentado depois do impeachment. (RIBEIRO, et al., 2017, p. 439)

Como aconteceu no ano de 2018, Lula se tornou inelegível para as eleições, tirando assim a possibilidade dos eleitores decidirem quais caminhos o Brasil iria caminhar a partir do ano de 2019.

5
CONCLUSÃO

O país vive hoje uma enorme crise político-institucional, onde toda essa polarização gera revolta em toda sociedade, onde isso foi usado como pretexto pelos Ministros do Supremo Tribunal Federal nos votos do *Habeas Corpus* 126.292 de São Paulo.

O presente trabalho tentou mostrar cada argumento jurídico utilizado pelos Ministros em desconformidade com a jurisprudência do STF, onde vai contra a realidade da criminalidade no país e contra o sistema carcerário nacional.

Ao longo do trabalho, podemos observar a incoerência dos Ministros, em que pese não reconhecer as jurisprudências, admitindo assim a falência do sistema carcerário do país e mesmo assim optaram por modificarem o entendimento que já havia sido pacificado para autorizar e ou estimular esse tipo de prisão ilegal.

O STF não parece estar preocupado com a instabilidade que os dias atuais nos proporcionam, o Estado Democrático de Direito seria o meio plausível para que acontecesse a reorganização do meio político-institucional, impedindo assim que as arbitrariedades ocorram.

Neste sentido, os Ministros demonstraram tal fragilidade nos argumentos apresentados, mostrando assim o desconhecimento da realidade do país, possibilitando que a decretação de prisão com a condenação em segunda instância facilite ainda mais o aumento da população carcerária, o que não é baixa no Brasil.

Em nenhum momento os Ministros se mostraram preocupados, demonstraram descaso com a possibilidade de pessoas serem injustiçadas com o novo entendimento, sendo assim a reforma da sentença após a condenação em segunda instância seria praticamente anulada entre os Ministros, onde se basearam em que a culpa deve se formar durante a análise da matéria fático probatória de todo o processo, ou seja, eles retiraram do acusado o direito que tinha de ser reconhecido inocente durante toda a persecução penal, onde não tiverem base alguma e desconhecendo a realidade brasileira.

O que podemos observar com essa mudança de entendimento do STF, é que o poder judiciário decidiu retirar direitos, ao invés de protegê-los, reafirmando ainda mais a insegurança jurídica que temos e as arbitrariedades.

Tal entendimento fere a dignidade da pessoa humana, onde o Estado Democrático de Direito se baseia, ferindo também a presunção de inocência que deveria ser uma regra de tratamento inerente, onde o acusado deveria manter-se no estado de inocente, até o esgotamento de todas as instâncias.

Diante disso, podemos observar que o nosso Estado Democrático de Direito está muito frágil, onde um ex-Presidente é condenado, preso, com provas pífias, ficando evidente que o queriam deixar de fora do pleito presidencial das eleições de 2018.

Diante do exposto, podemos concluir que a execução provisória de sentença não existe fundamentação legal no ordenamento jurídico brasileiro, onde até mesmo a Constituição Federal obsta tal conduta, onde seria impossível o afastamento, bem como a flexibilização, garantindo assim o exercício da democracia, o Estado Democrático de Direito, o não encarceramento em massa, contribuindo assim com uma sociedade sem arbitrariedades e mais justa.

Rafael Braga livre, Lula livre e todas as pessoas que foram condenadas injustamente, alimentando assim o sistema punitivista do país.

POSFÁCIO

CASO LULA E EXECUÇÃO PROVISÓRIA DA PENA:
TENSÕES POLÍTICAS E JURISPRUDENCIAIS

As pessoas inseridas em uma sociedade não são neutras. E, assim como as individualidades humanas, os agrupamentos e as expressões do poder também não caminham pela estrada da neutralidade. Contudo, por vezes o discurso humano é interessantíssimo: "a lei é para todos". Ora! O sistema penal é apresentado como igualitário na modernidade, quando, em verdade, é seletivo. E é seletivo porque é racista, é classista, é homofóbico, é machista e é misógino, exatamente porque é um reflexo da sociedade na qual está inserido, criado por ela, capitaneado pelos interesses de uma pequena parte detentora da capacidade exploratória humana. O Direito Penal e o sistema penal como um todo é a ponta da lança daqueles que controlam o campo – o local de excelência do inumano, do inimigo, do indesejável, dos corpos matáveis. E para os seus objetivos (os deste pequeno agrupamento de abutres), o Estado é a perfeita máquina de moer pobre, preto, periférico, mulheres, transexuais, travestis e homossexuais.

Lula não é propriamente um indigente. Tem patrimônio. Tem rendimentos. Tem condições de ter uma vida confortável, vida que muitos neste Brasil sequer alcançarão um dia (já que nem mesmo as mínimas três refeições básicas diárias possuem). Mas Lula é e sempre será o metalúrgico (que essa pequena casta cheirosa quatrocentona ou oitocentona) associado à pobreza, marginalização, bandidagem, pilantragem, doença e mau cheiro. Luis Inácio pode e deve receber críticas. Críticas enquanto político e enquanto governante que foi. O partido ao qual está filiado desde sempre idem. E o campo dessa crítica é o político e o social, por excelência. Também merece os devidos elogios por parte daqueles que entendem que alguns avanços foram alcançados durante o governo por ele capitaneado (nenhum avanço é fruto individual, evidentemente).

O que não deveria ser aceitável, tanto do ponto de vista político quanto jurídico (ainda que estes campos não estejam – nem nunca estiveram – divorciados) é o uso desse mesmo Sistema de Justiça Penal para perseguir, destruir, inumanizar e matar seres. E são muitos os seres que estão à mercê desse uso violento, desgraçado e vadio do Sistema por parte dos lacaios do Capital. São muitas as *Pretas Ferreiras*[8] e os *Rafaéis Bragas*[9], indesejáveis do sistema, e muitas as *Ágathas*[10] e *Ryans*[11], corpos matáveis dessa aventura inconsequente, desumana e cruel. Luis Inácio não é Rafael Braga; não é Ágatha Félix. Luis Inácio pode pagar por bons advogados. Luis Inácio, mesmo ainda cheirando a pobre para a casta cheirosa quatrocentona e oitocentona, não é propriamente *um pobre*. Mas ele é o porta-voz putativo. Lula é o recado. Lula é o exemplo a ser dado.

Do processo de Lula em si, falarei pouco. E direi pouco porque a nossa autora, essa engajada ativista e dedicada estudante, já o faz com mais maestria do que eu faria nas páginas antecedentes. Mas vale apontar que em um sistema acusa-

---

8 Disponível em: https://revistamarieclaire.globo.com/Mulheres-do-Mundo/noticia/2019/08/preta-ferreira-estou-presa-pois-justica-no-brasil-e-seletiva-racista-e-tem-lado.html, acesso em 14 de fevereiro de 2020.

9 Disponível em: https://anistia.org.br/sobre-rafael-braga-e-seletividade-sistema-de-justica-criminal/, acesso em 14 de fevereiro de 2020.

10 Disponível em: https://g1.globo.com/rj/rio-de-janeiro/noticia/2019/12/08/caso-agatha-justica-torna-reu-pm-suspeito-de-ter-matado-a-menina.ghtml, acesso em 14 de fevereiro de 2020.

11 http://g1.globo.com/rio-de-janeiro/noticia/2016/03/ryan-e-25-crianca-morta-em-troca-de-tiros-no-rj-em-9-anos-diz-rio-de-paz.html, acesso em 14 de fevereiro de 2020.

tório (e o nosso DEVE ser por disposição Constitucional) a tarefa de provar que os fatos imputados preenchem o tipo de injusto e de que a conduta do sujeito ativo preenche os requisitos de culpabilidade, estão, necessariamente, nas mãos do Estado-acusador e não nas mãos do Estado-juiz; muito menos à cargo do imputado. Analisando o processo, a nossa autora aponta as falhas e a ausência probatória para além da dúvida. Assim como os defensores da ditadura militar – que sob estas terras infelizmente se fez presente entre 1964 e 1985 – defendem que nenhum ou quase nenhum crime fora cometido pelo seus "heróis" ou que o que foi feito era necessário para acabar com a "devassidão" moral, com a "ameaça comunista" ou com a "escalada do crime" (ainda que a verdadeira escalada do crime tenha ocorrido após o período de ditadura, não antes dele, haja vista a destruição socioeconômica produzida pelos militares, seus asseclas e mandantes por estas bandas), muitos são os críticos do processo que atingiu Lula. Mas nós, os críticos, não temos o direito de criticar! Afinal, dizem os defensores do processo, as provas são robustas (e se faltar provas, sobram convicções). Somente a defesa da ditadura é possível para estes. Lula é um bandido, sempre foi e não importa como: merece cadeia (no mínimo)! São contraditórios em essência, porque limitados na gênese.

O processo de Lula não inaugura o campo. Não inaugura, no Brasil, o espaço do inumano. Mas ele é emblemático, pois atingiu uma personalidade que saiu do populacho, driblou a fome e alcançou certo "status". Ele é um recado. O campo é o espaço onde o humano é desumanizado. É o espaço onde o cidadão, agora já um número, uma estatística, se transforma em corpo matável. É o local onde os indesejáveis do capitalismo genocida (desculpem o pleonasmo!) derretem ou são derretidos. Por vezes, a própria natureza cuida (a pobreza mata: frio, fome, medo e sede são só os meios). Mas quem condenou à morte são seres, são pessoas. Afinal, o mal pode ser banal, por vezes veste gravatas e caros e pomposos Gucci's ou Prada's. Os indesejáveis e os inumanos têm contra si uma presunção de culpabilidade. E se há limitações em uma interpretação gramatical ou legalista da norma, os operadores do sistema farão a utilização de uma desconstrução midiática (quando o indesejável é famoso) ou usarão o limite do decidir conforme a consciência (que é ilimitado, na prática judicante tupiniquim, com poucas e honrosas exceções) para o restante.

Só que Luis Inácio é uma boa, cara e importante estatística. Tem preço político interessante, pois, com ele, todo o campo dito "progressista" pode ser atacado. E, nesse conjunto, atinge-se marxistas, professores, professores marxistas, sociais democratas, feministas e todo o campo da esquerda – e até alguns liberais, pasmem! O processo de Lula é emblemático porque dá ares de igualdade ao Sistema Penal, mostra que o Estado não atinge só o pobre, negro, favelado, periférico, gay, mulher; atinge aqueles que, aparentemente ou certamente, não estão nestes grupos ou saíram deles (como é o caso do Lula). Vale dizer: você até pode ter saído da pobreza, mas jamais será um de nós.

Negros, pobres, periféricos, mulheres, homossexuais, transexuais, nordestinos e nortistas, alguns destes corpos matáveis e indesejáveis: Silvia Helena Nóbrega Lencioni Senne escreveu essa obra especialmente para vocês. Para que vocês se lembrem de que são resistência (nada de resiliência, por favor!) há centenas e milhares de anos. É mais do Lula. É mais do que um ex-presidente cujas políticas adotadas comportam críticas, mas que os avanços merecem ser reconhecidos (e este *posfaciador*, que leciona desde 2005, verificou, ano após ano, especialmente entre 2009 e 2013, um grande crescimento das pessoas desses grupos nas salas de aula dos Cursos de Direito e de Relações Internacionais nas muitas Universidades pelas quais passou). Esse processo é um alerta de como o Direito, a ideologia por excelência, pode ser usado pelos detentores do Poder para atacar, mentir, caluniar, difamar, construir culpa, julgar conforme a consciência e condenar quem eles bem entenderem.

Se você já leu esse livro e chegou agora ao posfácio, talvez concorde comigo. Se o leu primeiro e agora iniciará a análise feita pela Silvia, poderá verificar como não se deve dirigir um processo penal, como não se deve sopesar provas, como não se deve tratar um sistema e, principalmente, como todos aqueles que um dia pensaram fazer parte ou poder se conciliar ou vir a fazer parte do grupo de eleitos de Wall Street, jamais serão aceitos de verdade.

Silvia, fica aqui o meu agradecimento pela oportunidade de ter avaliado o trabalho que levou à elaboração desse livro por essa corajosa Editora, a quem cumprimento pelo espírito revolucionário. Fica aqui o desejo de que ele possa contribuir para que mais pessoas tenham como pensar.

A você, cara leitora e leitor, meus sinceros cumprimentos. Se já leram a obra, pensem sobre. Se ainda vão ler, que o façam criticamente, colocando em xeque as suas "verdades" preconcebidas. De uma forma ou de outra, desculpem pela escrita ácida e direta (ou não).

Thiago Pellegrini Valverde

Doutorando em Ciências Humanas e Sociais pela Universidade Federal do ABC. Mestre e Bacharel em Direito. Professor Titular na Fundação Santo André/SP. Pesquisador e Advogado.

REFERÊNCIAS BIBLIOGRÁFICAS

BARATTA, Alessandro. **Criminologia crítica e crítica do direito penal:** Introdução à sociologia do Direito Penal. 3. ed. Rio de Janeiro: Revan, 2002.

BECCARIA, Cesare. **Dos delitos e das penas.** 2. ed. São Paulo: Revista dos Tribunais, 1999.

BILENKY, Thais. **Professor de Harvard vê 'presunção de culpa' contra Lula na Lava Jato.** 2016. Disponível em: <https://www1.folha.uol.com.br/poder/2016/11/1829175-professor-de-harvard-ve-presuncao-de-culpa-contra-lula-na-lava-jato.shtml>. Acesso em: 11 mar. 2019.

BRASIL. Decreto nº 592, de 06 de julho de 1992. **Atos Internacionais. Pacto Internacional sobre Direitos Civis e Políticos.** Brasília, DF, jul. 1992.

BRASIL. Decreto nº 678, de 06 de novembro de 1992. **Promulga a Convenção Americana sobre Direitos Humanos (Pacto de São José da Costa Rica),** de 22 de novembro de 1969. Brasília, DF, nov. 1992.

BRASIL. Decreto nº 4.388, de 25 de setembro de 2002. **Promulga o Estatuto de Roma do Tribunal Penal Internacional.** Brasília, DF, set 2002.

BRASIL. Lei Nº 7.210, de 11 de julho de 1984. **Lei de execução penal,** Brasília, DF, jul. 1984.

BRASIL. **Código Civil,** Lei 10.406, de 10 de janeiro de 2002. 1a edição. São Paulo: Revista dos Tribunais, 2002.

BRASIL. **Constituição.** Constituição da República Federativa do Brasil. Brasília, DF: Senado Federal: Centro Gráfico, 1988.

BRASÍLIA. Conselho Nacional de Justiça. **Cadastro Nacional de Presos.** 2018. Disponível em: <http://www.cnj.jus.br/files/conteudo/arquivo/2018/08/a9f0090676429c1c72a46e3e03937b60.pdf>. Acesso em: 06 mar. 2019.

BRASIL. Superior Tribunal de Justiça. **Habeas corpus nº 84.078-7**, Primeira Turma do Supremo Tribunal Federal, Brasília, DF, 05 fev. 2009. Disponível em: <http://redir.stf.jus.br/paginadorpub/paginador.jsp?docTP=AC&docID=608531>. Acesso em: 05 mar. 2019.

BRASIL. Superior Tribunal de Justiça. **Habeas corpus nº 126.292**, Primeira Turma do Supremo Tribunal Federal, Brasília, DF, 17 fev. 2016. Disponível em: < http://redir.stf.jus.br/paginadorpub/paginador.jsp?docTP=TP&docID=10964246>. Acesso em: 05 mar. 2019.

CALVI, Pedro. **Sistema carcerário brasileiro: negros e pobres na prisão.** 2018. Disponível em: <https://www2.camara.leg.br/atividade-legislativa/comissoes/comissoes-permanentes/cdhm/noticias/sistema-carcerario-brasileiro-negros-e-pobres-na-prisao>. Acesso em: 06 ago. 2018.

DAVIS, Angela. **Estarão as prisões obsoletas?** São Paulo: Bertrand Brasil, 2018.

Declaração dos Direitos do Homem e do Cidadão, disponível no link <http://pfdc.pgr.mpf.mp. br/atuacao-e-conteudos-de-apoio/legislacao/direitos-humanos/declar_dir_homem_cidadao.pdf> Acesso em 05 de março de 2019.

Declaração Universal dos Direitos Humanos disponível no link <https://www.ohchr.org/en/udhr/documents/udhr_translations/por.pdf> Acesso em 05 de março de 2019.

FERRAJOLI, Luigi. **Direito e razão: teoria do garantismo penal.** 3. ed. São Paulo: Revista dos Tribunais, 2002.

FERRAZ, Anna Candida da Cunha. **Processos informais de mudança da constituição:** Mutações constitucionais e mutações inconstitucionais. 2. ed. Osasco: Edifieo, 2015.

FOUCALT, Michel. **Vigiar e punir: nascimento da prisão.** 27. ed. Petrópolis: Vozes, 1999. Tradução: Raquel Ramalhete.

GOMES FILHO, Antônio Magalhães. **Presunção de Inocência e Prisão Cautelar.** São Paulo: Saraiva, 1991.

JARDIM, Afrânio Silva. **A clara e evidente incompetência do juiz Sérgio Moro para processar e julgar o ex-presidente Lula.** 2018. Disponível em: <https://emporiododireito.com.br/leitura/a-clara-e-evidente-incompetencia-do-juiz-sergio-moro-para-processar-e-julgar-o-ex-presidente-lula>. Acesso em: 07 mar. 2019.

JARDIM, Afrânio Silva. **Equívocos jurídicos recentes da chamada "operação lava – jato"**. 2016. Disponível em: <https://emporiododireito.com.br/leitura/equivocos-juridicos-recentes-da-chamada-operacao-lava-jato-por-afranio-silva-jardim-1508758522>. Acesso em: 07 mar. 2019.

LOPES JUNIOR, Aury. **Direito Processual Penal**. 11. ed. São Paulo: Saraiva, 2013.

MARX, Karl. **O capital**: Crítica da economia política. 2. ed. São Paulo: Boitempo, 2011. Tradutor: Rubens Enderle.

Pacto de San José da Costa Rica disponível no link <https://www.cidh.oas.org/basicos/portugues/c.convencao_americana.htm> Acesso em 05 de março de 2019.

PAIVA, Caio; HEEMANN, Thimotie Aragon. **JURISPRUDÊNCIA INTERNACIONAL DE DIREITOS HUMANOS**. 2. ed. Belo Horizonte: Cei, 2017.

PIOVESAN, Flávia. **Direitos Humanos e o Direito Constitucional Internacional**. 18. ed. São Paulo: Saraiva, 2018.

PRONER, Carol et al. **Comentários a uma sentença anunciada:** O processo Lula. Bauru: Canal 6, 2017.

G1. **Sentença da Ação Penal Nº 5046512-94.2016.4.04.7000/PR** – Réu: Luís Inácio Lula da Silva e outros – Autores: Ministério Público Federal e Petróleo Brasileiro S/A Petrobras, disponível no link <http://estaticog1.globo.com/2017/07/12/sentenca_lula.pdf>. Acesso em 09 de abril de 2019.

SHECAIRA, Sérgio Salomão. **Criminologia**. 6. ed. São Paulo: Revista dos Tribunais, 2014.

VEJA. **"Esses marginais vermelhos serão banidos de nossa pátria", diz Bolsonaro:** O candidato participou por telefone das manifestações deste domingo e apresentou duas saídas a seus oposicionistas: "Ou vão pra fora ou vão para a cadeia". 2018. Disponível em: <https://veja.abril.com.br/brasil/esses-marginais-vermelhos-serao-banidos-de-nossa-patria-diz-bolsonaro/>. Acesso em: 07 mar. 2019.

◎ editoraletramento   🌐 editoraletramento.com.br
ⓕ editoraletramento   (in) company/grupoeditorialletramento
◉ grupoletramento   ✉ contato@editoraletramento.com.br

🌐 casadodireito.com   ⓕ casadodireitoed   ◎ casadodireito